넉 사 四   글자 자 字   이룰 성 成   말씀 어 語

사자성어

풍전등화

불로불사

고사성어

옛 고 故   일 사 事   이룰 성 成   말씀 어 語

편

초등 국어 어휘력이 독해력이다 ➕플러스

성어의 구분

사자성어와 고사성어

성어란 <u>사자성어</u>와 <u>고사성어</u>를 일컫는 말로, 모두 한자로 이루어진 관용적으로 쓰이는 말입니다. 사자성어와 고사성어는 교훈이나 유래를 담고 있다는 공통점이 있지만, 각각의 이름에서 알 수 있듯 차이점이 있습니다.

사자성어는 "**네**(넉 **사**) **글자**(글자 **자**)로 **이루어진**(이룰 **성**) **말**(말씀 **어**)"이란 뜻입니다. 이 뜻처럼 모든 사자성어는 한자 네 자로만 이루어져 있습니다.

예 비몽사몽, 천하일품, 금수강산 등

고사성어는 한자의 뜻 그대로 해석하면 "**옛날**(옛 **고**)의 **일**(일 **사**)로 **이루어진**(이룰 **성**) **말**(말씀 **어**)"이란 뜻입니다. 다시 말해 고사성어는 '옛이야기가 담긴 한자로 이루어진 말'입니다. 그래서 고사성어는 한자 네 자 미만의, 또는 한자 네 자 이상으로 이루어진 말이 있습니다.

예 기우, 맹모삼천지교, 불혹 등

<초등 국어 어휘력이 독해력이다 플러스 사자성어·고사성어편>은 자주 사용되는 한자 네 자로 된 고사성어를 수록하고 있습니다.

연상학습법

성어는 성어를 이루고 있는 한자의 소리를 읽고 한자 각각의 뜻을 파악한 다음, 그 뜻이 비유하고 있는 내용을 알아야만 성어를 온전히 이해했다고 할 수 있습니다. 성어의 뜻과 내용이 일치하지 않는 경우가 많기 때문입니다.

성어 '금상첨화'는 비단 (금) / 윗 (상) / 더할 (첨) / 꽃 (화) 네 자로 이루어진 성어로 한자의 뜻만 보면 '비단 위에 더하는 꽃'이라는 의미가 되지만, 정확한 내용은 '좋은 일 위에 또 좋은 일이 더하여 짐.'입니다. 이처럼 성어 '금상첨화'를 이해하기 위해서는 성어를 이루고 있는 한자의 소리와 한자 각각의 뜻을 통해 내용을 연결해서 이해할 수 있는 학습방법이 필요합니다.

<초등국어 어휘력이 독해력이다 플러스 사자·고사성어편>은 성어를 이루고 있는 뜻을 겉뜻으로, 성어의 내용을 속뜻으로 연결해 연상할 수 있는 '연상학습법'을 활용해 성어를 쉽게 이해하고 기억할 수 있도록 구성했습니다.

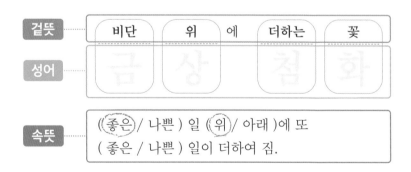

성어를 구성하는 한자의 뜻을 읽으며 성어를 쉽게 기억하고, 속뜻에 어울리는 알맞은 낱말을 고르는 문제를 푸는 연상학습법을 통해 아이들이 어려워하는 성어를 쉽고 재미있게 학습할 수 있습니다.

특징

독해 전 성어 먼저 학습

<초등 국어 어휘력이 독해력이다 플러스 사자·고사성어편>은 '성어→문장→글'로 이어지는 3단계 학습법을 통해 성어 학습과 독해력을 체계적으로 기를 수 있도록 구성했습니다.

1단계
성어 학습
사자성어, 고사성어
익히기

2단계
어휘 적용
사자성어, 고사성어
문장으로 익히기

3단계
독해력 키우기
사자성어, 고사성어가
포함된 글 독해하기

교과 어휘와 관련된 한자와 성어

<초등 국어 어휘력이 독해력이다 플러스 사자·고사성어편>의 성어를 구성하는 대표 한자는 교과서에서 자주 사용되는 교과 어휘에 들어가는 한자를 선별하여 구성했습니다. 교과 어휘에 사용되는 한자를 학습하며 어휘력을 키우고, 성어 학습도 함께 할 수 있습니다

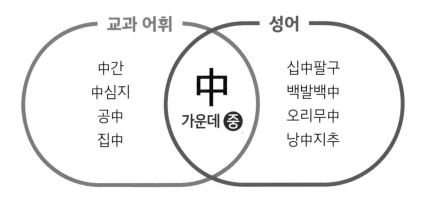

교과 어휘
中간
中심지
공中
집中

中
가운데 중

성어
십中팔구
백발백中
오리무中
낭中지추

64개의 성어를 쉽고 재미있게 학습하기

<초등 국어 어휘력이 독해력이다 플러스 사자·고사성어편>은 사자성어와 고사성어를 모두 학습할 수 있도록 64개의 다양한 성어를 수록하고 있습니다. 또한 사자성어는 실생활에서 다양하게 쓰이는 성어로 선별했으며 고전 시, 고전 문학, 역사적 사건 등에서 유래한 고사성어 학습을 통해 배경지식 향상에 도움이 될 수 있습니다. 또한 다양한 이미지를 통해 성어를 직관적으로 이해하고 기억할 수 있습니다.

천고마비   산전수전

교과 연계 주제 지문으로 독해력 상승

<초등 국어 어휘력이 독해력이다 플러스 사자·고사성어편>의 지문은 교과 내용과 밀접하게 연계된 주제로 구성했습니다. 지문을 읽고 문제를 풀며 독해력을 키우는 동시에 교과 수업도 미리 준비할 수 있습니다.

- 3학년 **도덕, 과학**
- 4학년 **국어, 사회, 도덕**
- 5학년 **사회, 국어, 과학**

학습 어휘, 본문에 나오는 성어의 뜻과 예문은 국립국어원 <표준국어대사전>과 <한국어기초사전>을 참고했습니다.

구성

1단계 성어 학습

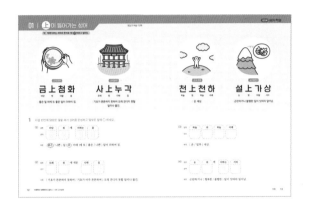

이미지로 배우는 성어
이미지를 통해 성어의 의미를 직관적으로 이해하고, 쉽게 학습합니다.

겉뜻으로 쉽게 익히는 성어
각 한자의 소리로 성어 4자를 학습하고, 각 한자의 뜻으로 성어를 이해하며 성어의 속뜻까지 학습합니다.

2단계 성어 적용

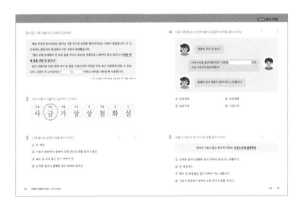

유래로 성어 이해하기
학습 성어 중 성어의 유래를 이해하며 성어의 이해력을 높입니다.

예문으로 성어 적용하기
빈칸 채우기, 짧은 예문으로 성어 확인하기 등을 통해 성어의 뜻을 확인합니다.

3단계 성어 독해

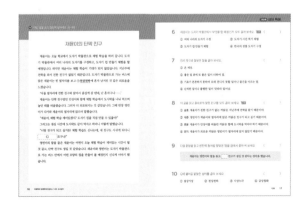

교과 연계 지문으로 교과 학습 준비
교과 내용과 연계된 지문을 읽으며 교과 학습에 도움이 되는 다양한 배경지식을 쌓을 수 있습니다.

유형별 독해 문제
주제 찾기, 세부 사항, 빈칸 추론 등 다양한 유형의 문제를 풀면서 독해력을 키울 수 있습니다.

확인 학습

앞서 배운 성어와 관련된 문제를 풀면서 성어를 다시 한번 복습합니다.

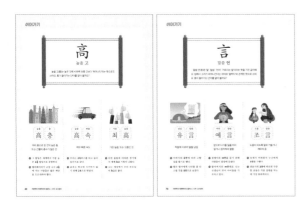

쉬어가기

해당 단원에서 다룬 한자와 관련된 다양한 어휘에 대해 알아봅니다.

부가자료: 한자 모양으로 알기

성어의 한자 모양을 알아볼 수 있습니다.

차례

1단원

2단원

3단원

4단원

글 주제 / 교과 연계

1단원

⚫️ **미리보기** 아래 단어를 보고 배울 성어의 뜻을 자유롭게 상상해 보세요.

上
윗 **상**

금上첨화

사上누각

천上천하

설上가상

高
높을 **고**

천高마비

高관대작

안高수비

산高수청

下
아래 **하**

삼일천下

안下무인

천下일품

상행下효

中
가운데 **중**

십中팔구

백발백中

오리무中

낭中지추

정답과 해설 132쪽

'위', '위쪽'이라는 의미의 한자로 [윗 **상**]이라고 읽어요.

고사성어

금 上 첨 화

비단   윗   더할   꽃

: 좋은 일 위에 또 좋은 일이 더하여 짐.

고사성어

사 上 누 각

모래   윗   다락   집

: 기초가 튼튼하지 못하여 오래 견디지 못할
일이나 물건.

---

1 다음 빈칸에 알맞은 말을 써서 성어를 완성하고 알맞은 말에 ○ 하세요.

(1) 겉뜻 | 비단 | 위 | 에 | 더하는 | 꽃 |

성어 | 금 | 상 | 첨 | 화 |

속뜻 ((좋은) / 나쁜) 일 ((위) / 아래)에 또 (좋은 / 나쁜) 일이 더하여 짐.

(2) 겉뜻 | 모래 | 위 | 에 세운 | 다락 | 집 |

성어 | | | | 각 |

속뜻 (기초가 튼튼하지 못하여 / 기초가 아주 튼튼하여) 오래 견디지 못할 일이나 물건.

고사성어

천 上 천 하
하늘   윗   하늘   아래

: 온 세상.

고사성어

설 上 가 상
눈   윗   더할   서리

: 곤란하거나 불행한 일이 잇따라 일어남.

(3) 겉뜻   하늘   위   하늘   아래

성어

속뜻   (온 / 일부) 세상.

(4) 겉뜻   눈   위   에   더하는   서리

성어

속뜻   곤란하거나 (행복한 / 불행한) 일이 잇따라 일어남.

옛날 중국의 송나라에는 뛰어난 시를 짓기로 유명한 왕안석이라는 사람이 살았습니다. 이 고사성어는 왕안석이 즉석에서 지은 시에서 유래했습니다.

"좋은 곳에 초대받아 잔 속의 술을 마시고 있는데, 아름다운 노래까지 듣고 있으니 ㉠**비단 위에 꽃을 더한 것 같구나.**"

곱고 아름다운 비단 위에 자수*로 꽃을 수놓는다면 비단을 더욱 곱고 아름답게 만들 수 있습니다. 그래서 이 고사성어는 '   ㉡   '이라는 의미를 나타낼 때 사용합니다.

* 자수: 옷감이나 천에 색실로 그림, 글자, 무늬 등을 수놓는 일

2 ㉠의 내용과 어울리는 글자에 ○ 하세요.

모래	비단	더할	서리	윗	더할	꽃	눈
사	금	가	상	상	첨	화	설

3 ㉡에 들어갈 알맞은 말을 골라 보세요.   (   )

① 온 세상

② 기초가 튼튼하지 못하여 오래 견디지 못할 일이나 물건

③ 좋은 일 위에 좋은 일이 더하여 짐

④ 난처한 일이나 불행한 일이 잇따라 일어남

4 다음 대화를 읽고 빈칸에 들어갈 알맞은 성어를 골라 보세요. ( )

> 명훈아, 무슨 일 있니?

> 어제 우산을 잃어버렸거든? 그런데 [   ]으로 오늘 지갑까지 잃어버렸어!

> 불행한 일이 연달아 일어나다니, 안됐구나.

① 천상천하

② 금상첨화

③ 설상가상

④ 사상누각

5 밑줄 친 부분과 뜻이 비슷한 말을 골라 보세요. ( )

뛰어난 기술이 없는 회사의 미래는 **사상누각에 불과하다**.

① 난처한 일이나 불행한 일이 잇따라 일어나는 상황이다.

② 온 세상이다.

③ 좋은 일 위에 좋은 일이 더하여 지는 상황이다.

④ 기초가 튼튼하지 못하여 오래 견디지 못할 것이다.

재윤이의 단짝 친구

  재윤이는 오늘 학교에서 도자기 박물관으로 체험 학습을 하러 갑니다. 도자기 박물관에서 여러 나라의 도자기를 구경하고, 도자기 컵 만들기 체험을 할 예정입니다. 하지만 재윤이는 체험 학습이 기대가 되지 않았습니다. 지난주에 전학을 와서 친한 친구가 없었기 때문입니다. 도자기 박물관으로 가는 버스에 앉은 재윤이는 빈 옆자리를 보고 ⊙**천상천하**에 혼자 남겨진 것 같은 외로움을 느꼈습니다.

  '다들 옆자리에 친한 친구와 앉아서 즐겁게 갈 텐데, 난 혼자구나…….'

  재윤이는 단짝 친구였던 인성이와 함께 체험 학습에서 도시락을 나눠 먹으며 놀던 때를 떠올렸습니다. 그러자 더 외로워지는 것 같았습니다. 그때 반장 영빈이가 다가와 재윤이의 옆자리에 앉으며 말했습니다.

  "재윤아, 체험 학습 재미있겠지? 도자기 컵을 직접 만들 수 있잖아!"

  그러고는 점심 시간에 도시락도 같이 먹자고 하더니 이렇게 말했습니다.

  "너랑 친구가 되고 싶거든! 체험 학습도 신나는데, 새 친구도 사귀게 되다니 ⎡　　ⓛ　　⎤로구나!"

  영빈이의 말을 들은 재윤이는 어쩐지 오늘 체험 학습이 재미있는 시간이 될 것 같고, 단짝 친구도 생길 것 같았습니다. 재윤이와 영빈이는 도자기 박물관으로 가는 버스 안에서 어떤 모양의 컵을 만들어 볼 예정인지 신나게 이야기 했습니다.

6 재윤이는 도자기 박물관에서 무엇을 할 예정인지 모두 골라 보세요. 2개 (   )

① 여러 나라의 도자기 구경   ② 도자기 사진 찍기 체험

③ 도자기 컵 만들기 체험   ④ 한국의 전통 도자기 구경

7 ㉠의 뜻으로 알맞은 말을 골라 보세요. (   )

① 온 세상.

② 좋은 일 위에 또 좋은 일이 더하여 짐.

③ 기초가 튼튼하지 못하여 오래 견디지 못할 일이나 물건을 이르는 말.

④ 난처한 일이나 불행한 일이 잇따라 일어남.

8 이 글을 읽고 올바르게 말한 친구를 모두 골라 보세요. 2개 (   )

① **승호**: 재윤이가 친한 친구가 없는 까닭은 지난주에 전학을 왔기 때문이야.

② **석준**: 영빈이가 재윤이의 옆자리에 앉은 까닭은 친구가 되고 싶기 때문이야.

③ **호윤**: 재윤이가 인성이를 떠올린 까닭은 함께 도시락을 먹어야 하기 때문이야.

④ **연지**: 재윤이가 외로운 까닭은 영빈이가 옆자리에 앉지 않았기 때문이야.

9 다음 문장을 읽고 빈칸에 들어갈 알맞은 말을 글에서 찾아 써 보세요. (   )

재윤이는 영빈이의 말을 듣고 [   ] 친구가 생길 것 같다는 생각을 했습니다.

10 ㉡에 들어갈 알맞은 성어를 골라 보세요. (   )

① 설상가상   ② 천상천하   ③ 사상누각   ④ 금상첨화

02 | 高가 들어가는 성어

'높다', '뛰어나다'라는 의미의 한자로 [높을 고]라고 읽어요.

고사성어

천高마비

하늘　　높을　　말　　살찔

: 하늘이 높고 푸르며 온갖 곡식이 익어가는 가을.

고사성어

高관대작

높을　　벼슬　　클　　벼슬

: 지위*가 높고 훌륭한 관직이나 관리.

*지위: 개인의 사회적 신분에 따르는 위치나 자리.

1 다음 빈칸에 알맞은 말을 써서 성어를 완성하고 알맞은 말에 ◯ 하세요.

(1) 겉뜻 ┌ 하늘 ┐이 ┌ 높고 ┐ ┌ 말 ┐이 ┌ 살찌는 ┐ 계절

성어 [　] [　] [　] [　]

속뜻 (하늘 / 땅)이 (낮고 / 높고) 푸르며 온갖 곡식이 익어가는 (여름 / 가을).

(2) 겉뜻 ┌ 높은 ┐ ┌ 벼슬 ┐ ┌ 큰 ┐ ┌ 벼슬 ┐

성어 [　] [관] [　] [작]

속뜻 지위가 (높고 / 낮고) 훌륭한 관직이나 관리.

사자성어

안 高 수 비

눈   높을   손   낮을

: 이상*만 높고 실천이 따르지 못함.

* **이상**: 생각하는 범위 안에서 가장 완전하다고 여겨지는 상태.

사자성어

산 高 수 청

메*   높을   물   맑을

: 경치가 좋음.

* **메**: '산'을 예스럽게 이르는 말

(3) 겉뜻

| 눈 | 이 | 높지만 | , | 손 | 재주가 | 낮다 |

성어

속뜻 이상만 (낮고 / 높고) (실천 / 생각)이 따르지 못함.

(4) 겉뜻

| 산 | 이 | 높고 | 물 | 이 | 맑다 |

성어

속뜻 경치가 (좋음 / 나쁨).

[2~3] 다음 글을 읽고 질문에 답하세요.

옛날 중국인들은 중국 북쪽 몽골고원 지대를 중심으로 활약하는 흉노족의 침입을 많이 받았습니다. 흉노족은 말을 타고 다니며 중국을 위협했습니다. 그래서 당시 중국인들은 ㉠**하늘이 높고 말이 살찌는 계절**인 가을이 되면, 먹이를 잘 먹어 튼튼해진 말을 타고 침략해 올 흉노족을 두려워했습니다.

하지만 흉노족의 위협이 사라진 지금은 '   ㉡   '을 표현할 때 이 고사성어를 사용합니다.

2 ㉠의 내용과 어울리는 글자에 ◯ 하세요.

벼슬	벼슬	하늘	높을	스스로	말	낮을	살찔
작	관	천	고	자	마	비	비

3 ㉡에 들어갈 알맞은 말을 골라 보세요.   (   )

① 지위가 높고 훌륭한 관직이나 관리 등

② 하늘이 높고 푸르며 온갖 곡식이 익어가는 가을

③ 이상만 높고 실천이 따르지 못함

④ 경치가 좋음

4 빈칸에 들어갈 알맞은 말을 보기 에서 찾아 쓰고 알맞은 설명에 ◯ 하세요.

> 보기   눈   낮다   입   손   높다   아래

'안고수비'의 겉뜻은 □ 이 높지만, □ 재주가 □ □ 는 뜻입니다.

이 성어는 '이상만 (높고 / 낮고) 실천이 따르지 못함'을 뜻합니다.

5 밑줄 친 부분과 바꾸어 쓸 수 있는 말을 골라 보세요.　　　　　　　　　(　　　　　)

> 그가 왕의 신임*을 얻게 되자 **지위가 높고 훌륭한 관직에 있는 사람**들이 그를 찾았다.
>
> *신임: 믿고 일을 맡김. 또는 그 믿음.

① 고관대작

② 천고마비

③ 안수고비

④ 산고수청

치유의 숲으로 놀러 오세요

안녕하십니까. 저는 치유[*]의 숲을 관리하는 관리소장 박남재라고 합니다. 이렇게 치유의 숲이 '올해의 아름다운 숲'으로 선정되어 기쁩니다. 이곳 치유의 숲은 예로부터 ㉠**산고수청하여** 많은 사람이 찾는 지리산 부근에 있어, 아름다운 자연 풍경을 자랑합니다.

치유의 숲에는 약초가 많이 자라서 질 좋은 한방 약재를 판매하는 가게도 있습니다. 인근 식당에서는 치유의 숲에서 자라는 산나물과 버섯이 들어간 맛있는 식사를 할 수 있지요. 그뿐만 아니라 치유의 숲 입구에서는 주민들이 직접 기르는 벌이 만든 달콤한 꿀도 판매하고 있습니다. 울창한 나무들을 보며 삼림욕[*]을 하고, 흐르는 물소리를 들으며 명상을 할 수 있는 공간도 있습니다.

치유의 숲이 처음부터 이렇게 유명한 곳은 아니었습니다. 젊은 사람들이 지역을 떠나 도시로 가면서 숲을 찾는 사람이 줄어들고, 활기를 잃은 마을은 분위기가 어수선했지요[*]. 하지만 자연을 이용해서 관광 산업으로 '치유의 숲'을 만들자는 주민들의 의견을 모아 지금처럼 자연을 느끼며 휴식하기 좋은 공간으로 탄생했습니다. 덕분에 사람들이 많이 찾는 곳으로 유명해졌습니다.

봄에는 꽃을 구경하고, 여름에는 시원한 숲에서 더위를 잊어보세요. 그리고 ⓒ 의 계절이 오면 단풍을 구경하러 오세요. 겨울에는 소복하게 쌓인 눈을 보며 한방 약재와 꿀을 넣은 차를 마셔보세요. 사계절 내내 다채로운 모습을 보여주는 치유의 숲에서 다양한 추억을 만들어 보세요.

---

[*]**치유**: 치료하여 병을 낫게 함.
[*]**삼림욕**: 건강을 위해 숲에서 머물거나 산책하면서 몸과 마음을 편안하게 하는 것.
[*]**어수선하다**: 마음이나 분위기가 안정되지 못하고 불안하다.

6 치유의 숲은 어디에 있는지 골라 보세요. ( )

① 태백산 부근 ② 지리산 부근

③ 계룡산 부근 ④ 속리산 부근

7 ㉠과 뜻이 비슷한 말을 골라 보세요. ( )

① 지위가 높고 훌륭한 관직이나 관리라서

② 이상만 높고 실천이 따르지 못하여

③ 경치가 좋아서

④ 하늘이 높고 푸르며 온갖 곡식이 익어가서

8 치유의 숲에 대한 설명으로 맞으면 ◯, 틀리면 ✕ 하세요.

(1) 약초가 많이 자라서 한방 약재를 판매하는 가게도 있다. ………… ( )

(2) 산나물과 버섯을 직접 캐서 가져갈 수 있다. ……………… ( )

(3) 주민들이 직접 기르는 벌이 만든 꿀을 판매한다. ……………… ( )

(4) 지역을 떠나 도시로 간 젊은 사람들이 의견을 내어 만들어진 숲이다. … ( )

9 다음 문장을 읽고 빈칸에 들어갈 알맞은 말을 글에서 찾아 써 보세요. ( )

> 치유의 숲은 자연을 이용해서 ☐ 산업으로 만들자는 주민들의 의견을 모아 탄생했습니다.

10 ㉡에 들어갈 알맞은 성어를 골라 보세요. ( )

① 안고수비 ② 산고수청

③ 고관대작 ④ 천고마비

'아래', '아래쪽'이라는 의미의 한자로 [아래 **하**]라고 읽어요.

고사성어	고사성어
삼일천下	**안下무인**
석 날 하늘 아래	눈 아래 없을 사람
: 정권[*]을 잡았다가 짧은 기간 내에 밀려남	: 세상에서 자기가 가장 잘난 듯이 남을 깔보고 업신여김.

＊**정권**: 정치를 맡아 행하는 권력.

1 다음 빈칸에 알맞은 말을 써서 성어를 완성하고 알맞은 말에 ○ 하세요.

(1)

겉뜻 | 3 | 일 | 동안 | 하늘 | 아래 | (나라 전체)를 차지하다
성어 | 삼 | 일 | | | |

속뜻 정권을 잡았다가 (긴 / 짧은) 기간 내에 밀려남.

(2)

겉뜻 | 눈 | 아래 | 에 | 없다 | 사람 | 이
성어 | | | | | |

속뜻 세상에서 자기가 가장 (잘난 / 못난) 듯이 남을 깔보고 (업신여김 / 겸손함).

천 下 일 품

하늘　　아래　　한　　물건

: 세상에 오직 하나밖에 없거나 매우 뛰어나서
세상에서 견줄 만한 것이 없음.

사자성어

상 행 下 효

윗　　행할　　아래　　본받을

: 윗사람이 하는 일을 아랫사람이 본받음.

---

(3) 겉뜻 　하늘　　아래　에 오직 단 　하나　뿐인 　물건

성어 ☐☐☐☐

속뜻 　세상에 오직 (하나밖에 없거나 / 수십 개가 있거나) 매우 뛰어나서 세상에서 견줄 만한 것이 없음.

---

(4) 겉뜻 　윗　사람의 　행동　을 　아래　사람이 　본받는다

성어 ☐ 행 ☐ ☐

속뜻 (아랫 / 윗) 사람이 하는 일을 (윗 / 아랫) 사람이 본받음.

[2~3] 다음 글을 읽고 질문에 답하세요.

조선 후기에 서양 문물*을 받아들여 조선을 발전시켜야 한다고 주장하는 사람들이 있었습니다. 이들은 일본의 지원을 받아 우정국(오늘날의 우체국)이 처음 문을 여는 행사 자리에서 정변*을 일으켰습니다. 그들은 ㉠**3일 동안 하늘 아래(나라 전체)를 차지**하게 되었으나 청나라 군대가 개입하게 되어 실패하게 되었습니다. 이처럼 '   ㉡   ' 상황에 이 사자성어를 사용합니다.

*문물: 정치, 경제, 학문, 종교, 예술과 같은 문화의 산물.   *정변: 법에 어긋나는 방법으로 생긴 정치적 변화.

2 ㉠의 내용과 어울리는 글자에 ◯ 하세요.

석	높을	날	높을	없을	하늘	본받을	아래
삼	고	일	고	무	천	효	하

3 ㉡에 들어갈 알맞은 말을 골라 보세요.   (   )

① 세상에 오직 하나밖에 없거나 매우 뛰어나서 세상에서 견줄 만한 것이 없는

② 윗 사람이 하는 일을 아랫사람이 본받는

③ 세상에서 자기가 가장 잘난 듯이 남을 깔보고 업신여기는

④ 정권을 잡았다가 짧은 기간 내에 밀려나는

4 다음 일기를 읽고 빈칸에 들어갈 성어를 골라 보세요. ( )

> <u>20◯◯년 3월 ◯일</u>
>
> 새 학기가 되자 선생님께서는 우리가 [   ]의 태도를 가져야 한다고 말씀하셨다. 우리가 예의바르게 행동해야 후배들이 우리의 행동을 본받기 때문이라고 하셨다. 나도 형들과 누나의 행동을 보며 많이 배웠기 때문에 몸가짐을 바르게 해야 한다고 다짐했다.

① 안하무인 　　　　　　　 ② 천하일품

③ 상행하효 　　　　　　　 ④ 삼일천하

5 밑줄 친 부분과 뜻이 비슷한 말을 골라 보세요. ( )

> 재민이는 키가 크고 힘이 세서 친구들을 **안하무인으로 대한다.**

① 정권을 잡았다가 짧은 기간 내에 밀려났다.

② 자기가 가장 잘난 듯이 남을 깔보고 업신여긴다.

③ 매우 뛰어나서 세상에 견줄 만한 것이 없는 것처럼 대한다.

④ 윗사람이 하는 일을 아랫사람이 본받는다.

백제 금동 대향로

예림이네 모둠은 백제 금동 대향로를 소개하는 글쓰기 숙제를 위해 모였습니다. 예림이는 미리 조사한 정보를 친구들에게 알려주었습니다.

"금동 대향로는 백제 시기에 만들어진 향을 피우는 도구야. 1993년에 부여 능산리 절터에서 발굴되었대. 피리 부는 사람, 말을 타고 사냥하는 사람 등 신선처럼 보이는 사람들의 모습이 조각되어 있어. 74개의 산봉우리와 봉황, 용 등 상상 속의 짐승과 호랑이, 사슴, 코끼리 등의 동물들도 조각되어 있지. 이런 조각을 통해 백제의 뛰어난 기술을 볼 수 있다고 해. 이런 내용을 담을 수 있는 제목은 무엇이 있을까?"

준서가 백제 금동 대향로라는 제목을 쓰면 좋겠다는 의견을 냈습니다. 그러자 영철이가 거들먹거리며* 말했습니다.

"그 제목으로 백제 금동 대향로에 담긴 뛰어난 기술을 알릴 수 있을 거 같니? 제목에 ㉠**천하일품**이라는 말이 들어가야지 알 수 있어."

영철이는 평소에도 ㉡**자기가 가장 잘난 줄 알고 남을 깔보고 업신여기기** 때문에 친구들이 싫어했습니다. 다들 영철이의 의견을 무시하려고 했지만 예림이는 준서와 영철이의 의견 모두 옳다고 생각했습니다.

"준서와 영철이의 의견을 합해서 천하일품 백제 금동 대향로라고 제목을 정하고, 백제 사람들의 뛰어난 예술 감각과 능력을 짐작할 수 있는 문화재라고 부제목을 달면 어떨까?"

다들 좋은 생각이라며 의견을 말해준 준서와 영철이, 의견을 종합해준 예림이에게 고맙다고 해주었습니다.

*거들먹거리다: 신이 나서 잘난 체하며 자꾸 함부로 거만하게 행동하다.

6 예림이네 모둠은 어떤 숙제를 하기 위해 모였는지 골라 보세요. ( )

① 우리나라의 향로에 대해 알아보기

② 백제 시기에 만들어진 동물 조각상 찾아보기

③ 우리나라의 향로 제조 방법 조사하기

④ 백제 금동 대향로를 소개하는 글쓰기

7 ㉠의 뜻으로 알맞은 것을 골라 보세요. ( )

① 정권을 잡았다가 짧은 기간 내에 밀려남.

② 윗사람이 하는 일을 아랫사람이 본받음.

③ 세상에서 오직 하나밖에 없거나 매우 뛰어나서 세상에서 견줄 만한 것이 없음.

④ 세상에서 자기가 가장 잘난 듯이 남을 깔보고 업신여김.

8 금동대향로에 대한 설명으로 맞으면 ◯, 틀리면 ✕ 하세요.

(1) 1993년에 부여 능산리 절터에서 만들어진 것이다. ┄┄┄┄┄ ( )

(2) 신선처럼 보이는 사람들의 모습이 조각되어 있다. ┄┄┄┄ ( )

(3) 실제 존재하는 짐승들의 모습만 조각되어 있다. ┄┄┄┄ ( )

(4) 7개의 산봉우리가 조각되어 있다. ┄┄┄┄┄┄┄┄ ( )

9 다음 문장을 읽고 빈칸에 들어갈 알맞은 말을 글에서 찾아 써 보세요. ( )

금동 대향로는 백제 사람들의 뛰어난 [ ] 감각과 능력을 짐작할 수 있는 문화재입니다.

10 ㉡의 내용에 알맞은 성어를 쓰세요.

'가운데', '중심'이라는 의미의 한자로 [가운데 중]이라고 읽어요.

고사성어

십 中 팔 구

열　가운데　여덟　아홉

: 열 가운데 여덟이나 아홉 정도로 거의
대부분.

고사성어

백 발 *백 中

일백　필　일백　가운데

: 무슨 일이든지 틀림없이 잘 들어맞음.

＊필 발: '쏘다'라는 뜻이 있는 한자.

1 다음 빈칸에 알맞은 말을 써서 성어를 완성하고 알맞은 말에 ○ 하세요.

(1) 겉뜻 　열　　가운데　　여덟　이나　　아홉

성어 　중

속뜻　열 가운데 (여덟 / 다섯)이나 (하나 / 아홉) 정도로 거의 (절반 / 대부분).

(2) 겉뜻 　일백　번　　쏘아　　일백　번　　가운데　에 맞는다.

성어 　발

속뜻　무슨 일이든지 틀림없이 (잘 들어맞음 / 전부 다 틀림).

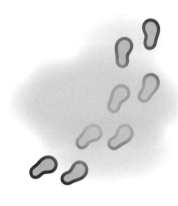

[고사성어]

오 리 *무 中

다섯   마을   안개   가운데

: 일의 해결 방향을 찾을 수 없거나 사람이
어디에 있는지 알 수 없는 상태.

＊**마을 리**: 거리를 재는 단위로 쓰이는 한자.

[고사성어]

낭 中 지 *추

주머니   가운데   갈   송곳

: 재능이 뛰어난 사람은 숨어 있어도 저절로
알려짐.

＊**갈 지**: '~의'라는 뜻으로 쓰이는 한자.

(3)   겉뜻 | 5 | 리 | 주변이 | 안개 | 가운데 | 다

성어   오   리

속뜻   일의 해결 방향을 (찾을 수 없거나 / 찾거나), 사람이 어디에 있는지 알 수 없는 상태.

(4)   겉뜻 | 주머니 | 가운데 | 의 | 송곳

성어   지

속뜻   재능이 (모자란 / 뛰어난) 사람은 숨어 있어도 저절로 (사라짐 / 알려짐).

중국 조나라에 살던 평원군이란 사람이 수행원*을 뽑아야 하는 일이 있었습니다. 모수라는 사람이 자신을 수행원으로 뽑아 달라고 했습니다. 그러나 평원군은 "⑦**주머니 안의 송곳** 끝이 밖으로 튀어 나오듯이 재능이 뛰어난 사람은 남의 눈에 쉽게 띄는 법이지만, 당신은 눈에 띈 적이 없다."며 거절했습니다. 그러자 모수는 "제가 눈에 띄지 못한 것은 주머니 안에 담긴 적이 없기 때문입니다. 주머니 안에 넣어주시면 틀림없이 보답하겠습니다."라고 대답했습니다.

이처럼 '⎵⎵⎵⎵ ⓛ ⎵⎵⎵⎵'을 표현할 때 이 고사성어를 사용합니다.

* 수행원: 높은 지위의 사람을 따라다니면서 그를 돕거나 보호하는 사람.

2 ⑦의 내용과 어울리는 글자에 ○ 하세요.

석	눈	열	주머니	가운데	윗	갈	송곳
삼	안	십	낭	중	상	지	추

3 ⓛ에 들어갈 알맞은 말을 골라 보세요. ( )

① 열 가운데 여덟이나 아홉 정도로 거의 대부분

② 무슨 일이든지 틀림없이 잘 들어맞음

③ 일의 해결 방향을 찾을 수 없거나 사람이 어디에 있는지 알 수 없음

④ 재능이 뛰어난 사람은 숨어 있어도 저절로 사람들에게 알려짐

4 다음 중 성어 '오리무중'을 바르게 사용한 친구를 골라 보세요. (   )

> 지민: 축제가 끝나면 사람들이 **오리무중** 자리를 떠나고 남아있는 사람은 거의 없을 거야.
>
> 성화: 윤호의 마음 속은 **오리무중**이어서 말하기 전까지 아무도 몰라.
>
> 아리: 내 짝꿍은 노래를 잘 하는데, **오리무중**이라고 금방 유명해질 거야.
>
> 명훈: 엄마는 내가 거짓말을 하면 표정만 봐도 **오리무중**으로 알아맞혀.

① 지민   ② 성화

③ 아리   ④ 명훈

5 밑줄 친 부분과 뜻이 비슷한 성어를 골라 보세요. (   )

> 새해가 되어 여러 계획을 세우지만 <u>열 가운데 여덟이나 아홉 정도로 거의 대부분</u> 실패한다.

① 오리무중

② 십중팔구

③ 낭중지추

④ 백발백중

보물찾기

　오늘 대한초등학교 4학년 3반 친구들은 지도를 보고 보물을 찾는 체험 활동을 하기로 했습니다. 선생님께서는 수업 시간에 배운 지도를 잘 보면 보물을 찾을 수 있다고 장담하셨습니다. 그러고는 여러 가지 지도를 보여주시며 첫 번째 힌트는 '중요한 것만 간략하게 나타낸 지도'에 표시되어 있다고 하셨습니다. 연우가 말했습니다.

　"그건 특정 목적지를 쉽게 찾아갈 수 있도록 사용하는 약도예요!"

　선생님께서는 직접 만드신 약도를 보여주셨습니다. 약도에는 학교에서 공원으로 가는 길이 표시되어 있었습니다. 친구들은 선생님의 안내에 따라 약도를 잘 살펴보며 공원으로 향했습니다. 선생님께서 두 번째 힌트는 '알리고자 하는 내용을 자세히 표시한 지도'를 찾아보면 된다고 하셨습니다. 희연이가 공원 입구를 가리키며 말했습니다.

　"저기 공원에 무엇이 있는지 알려주는 공원 안내도가 있어요!"

　그런데 공원 안내도를 아무리 훑어봐도 보물에 대한 ㉠**힌트는 오리무중이었습니다.** 그때 재민이가 약도를 자세히 보더니 말했습니다.

　"약도에 쓰여 있잖아! 공원 안내도를 보고 분수대를 찾아가면 된대!"

　분수대를 찾아가자 근처에는 보물 상자라고 쓰여 있는 커다란 상자가 놓여 있었고, 그 안에는 여러 가지 과자가 담겨 있었습니다.

　"보물을 찾을 수 있다는 선생님의 예상이 　　㉡　　이었어요!"

　친구들은 사용하는 목적에 따라 지도 보는 법을 잘 익히고 맛있는 과자까지 먹게 되어 뿌듯하고 즐거운 시간을 보냈습니다.

6 4학년 3반 친구들은 오늘 무엇으로 보물찾기를 했는지 골라 보세요. ( )

① 여러 가지 역사책   ② 뉴스 기사

③ 여러 가지 지도   ④ 안내 방송

7 ㉠과 뜻이 비슷한 말을 골라 보세요. ( )

① 힌트가 여러 개 있었습니다.

② 힌트가 사람들에게 저절로 알려졌습니다.

③ 힌트가 어디에 있는지 알 수 없는 상태였습니다.

④ 선생님이 힌트를 숨겼습니다.

8 이 글에 대한 내용으로 올바르지 <u>않은</u> 것을 골라 보세요. ( )

① 약도는 사람들이 특정 목적지를 쉽게 찾아갈 수 있도록 사용하는 지도입니다.

② 약도는 중요한 것을 모두 그린 복잡한 지도입니다.

③ 안내도는 알리고자 하는 내용을 자세히 표시한 지도입니다.

④ 공원 안내도를 보면 공원에 무엇이 있는지 알 수 있습니다.

9 다음 문장을 읽고 빈칸에 들어갈 알맞은 말을 글에서 찾아 써 보세요. ( )

4학년 3반 친구들이 찾은 보물 상자에는 [ ]가 들어 있었습니다.

10 ㉡에 들어갈 알맞은 성어를 골라 보세요. ( )

① 십중팔구   ② 백발백중

③ 오리무중   ④ 낭중지추

1 보기 의 성어에 들어가는 공통된 한자를 골라 보세요. ( )

| 보기 | 천고마비 | 고관대작 | 안고수비 | 산고수청 |

① 윗 上

② 높을 高

③ 아래 下

④ 가운데 中

2 다음 그림에 어울리는 성어를 보기 에서 골라 쓰세요.

| 보기 | 백발백중 | 삼일천하 | 사상누각 | 낭중지추 |

(1)

(2)

3 다음 겉뜻에 알맞은 성어를 보기에서 골라 쓰세요.

(1) 비단 위에 더하는 꽃.

(2) 하늘 아래에 오직 단 하나뿐인 물건.

4 다음 성어의 속뜻으로 알맞은 말에 ◯ 하세요.

(2) **안하무인**

: 세상에서 자기가 가장 (잘난 / 못난) 듯이 남을 깔보고 (업신여김 / 겸손함).

(2) **십중팔구**

: 열 가운데 (여덟 / 다섯)이나 (하나 / 아홉) 정도로 거의 (일부분 / 대부분).

(3) **안고수비**

: 이상만 (낮고 / 높고) (실천 / 생각)이 따르지 못함.

(4) **상행하효**

: (윗 / 아랫) 사람이 하는 일을 (윗 / 아랫) 사람이 본받음.

5 다음 성어에 알맞은 속뜻을 찾아 선으로 연결하세요.

(1) 천고마비 •

(2) 백발백중 •

(3) 낭중지추 •

(4) 상행하효 •

(5) 산고수청 •

• ㉠ 윗사람이 하는 일을 아랫사람이 본받음.

• ㉡ 하늘이 높고 푸르며 온갖 곡식이 익어가는 가을.

• ㉢ 무슨 일이든지 틀림없이 잘 들어맞음.

• ㉣ 재능이 뛰어난 사람은 숨어 있어도 저절로 알려짐.

• ㉤ 경치가 좋음.

6 괄호 안에 들어갈 알맞은 성어에 ○ 해 보세요.

(1) 수사 중인 사건은 단서조차 찾을 수 없어 여전히 (오리무중 / 상행하효) 상태였다.

(2) 우리 둘은 (낭중지추 / 천상천하)에 하나뿐인 단짝 친구다.

(3) 약속 시간에 늦었는데 (설상가상 / 산고수청)으로 버스까지 놓쳤다.

(4) 그는 왕위를 차지했지만, 그의 시대는 고작 (삼일천하 / 천고마비)밖에 되지 않았다.

(5) 이 양산은 해를 가릴 수 있으면서도 우산으로도 쓸 수 있어 (안하무인 / 금상첨화)이다.

7 다음 문장에서 밑줄 친 부분을 바르게 고쳐 써 보세요.

(1) 어머니께서는 내가 **인하무인**으로 행동하지 않도록 늘 겸손한 태도를 강조하셨다.

→ 안□□□

(2) 구체적인 계획도 없이 일을 진행하는 것은 **사하누각**일 뿐이다.

→ □□□□

(3) 유명한 화가가 그린 이 그림은 **천하백품**이구나!

→ □□□□

(4) 그 점쟁이는 무슨 일이든지 척척 알아맞혀 **금발백중**이라고 소문이 났다.

→ □□□□

8 다음 글과 어울리는 성어가 무엇인지 골라 보세요. (   )

내 친구 윤지는 춤도 잘 추고 노래도 잘 부르지만, 수줍음이 많아서 앞에 나서기를 꺼려한다. 하지만 윤지가 아무리 숨기려고 해도 윤지의 재능은 다른 사람들의 눈에 쉽게 띈다.

① 삼일천하   ② 천고마비

③ 낭중지추   ④ 십중팔구

高
높을 고

높을 고(高)는 높은 것에 비유해 보통 것보다 '뛰어나다'라는 뜻으로도 쓰여요. 高가 들어가는 단어를 알아 볼까요?

높을	층
高	층

여러 층으로 된 것의 높은 층. 또는 건물의 층수가 많은 것

예 그 빌딩은 세계에서 가장 높은 **고층** 빌딩으로 유명하다.

예 엘리베이터가 고장 나서 **고층**에 사는 사람들은 많은 계단을 오르내려야 했다.

높을	빠를
高	속

매우 빠른 속도

예 우리는 **고속**버스를 타고 놀이동산으로 갔다.

예 윤호는 학교에 지각하지 않기 위해 **고속**으로 뛰었다.

가장	높을
최	高

가장 높음. 또는 으뜸인 것

예 이번 올림픽 마라톤 경기에서 세계 **최고** 기록이 나왔다.

예 나는 세상에서 우리 부모님이 **최고**로 좋다.

2단원

⊗ **미리보기** 아래 단어를 보고 배울 성어의 뜻을 자유롭게 상상해 보세요.

人
사람 인

人산人해
팔방미人
人륜대사
촌철살人

夢
꿈 몽

비夢사夢
동상이夢
호접지夢
일장춘夢

똑같다!

聞
들을 문

聞일지십
금시초聞
견聞일치
전대미聞

言
말씀 언

감言이설
言행일치
유구무言
호言장담

'사람', '인간', '어른'을 뜻하는 한자로 [사람 **인**]이라고 읽어요.

고사성어

人 산 人 해
사람　　메　　사람　　바다

: 사람이 수없이 많이 모인 상태.

사자성어

팔 방 *미 人
여덟　　모　　아름다울　　사람

: 여러 방면에 아주 뛰어난 사람.

＊**모 방**: '방향'이라는 뜻이 있는 한자.

1 다음 빈칸에 알맞은 말을 써서 성어를 완성하고 알맞은 말에 ○ 하세요.

(1)

겉뜻 　**사람**　의　**산**　과,　**사람**　의　**바다**

성어

속뜻 (사람이 / 식물이) 수없이 많이 모인 상태.

(2)

겉뜻 　**여덟**　**방향**　의 어디에서 보나　**아름다운**　**사람**

성어

속뜻 여러 방면에 (아주 뛰어난 / 많이 부족한) 사람.

사자성어

人 륜 *대 사

사람   인륜   클   일

: 결혼이나 장례 등과 같이 사람이 살면서
치르게 되는 큰 행사.

*인륜 륜: 인간관계에 따르는 '질서', '윤리', '도리' 등의
뜻이 있는 한자.

그만먹고
운동해야지!

고사성어

촌 *철 살 人

마디   쇠   죽일   사람

: 간단한 말로도 남을 감동하게 하거나 남의
약점을 찌를 수 있음.

*마디 촌: 길이의 단위로 쓰이는 한자.

---

(3) 겉뜻 | 사람 | 이 살면서 따르는 | 도리 | 로 치르게 되는 | 큰 | 일

성어

속뜻   결혼이나 장례 등과 같이 사람이 살면서 치르게 되는 (작은 / 큰) 행사.

---

(4) 겉뜻   한 | 마디 | 쇠 | 붙이로 | 죽이다 | 사람 | 을

성어

속뜻   간단한 말로도 남을 감동하게 하거나 남의 약점을 (찌를 수 있음 / 볼 수 있음).

[2~3] 다음 글을 읽고 질문에 답하세요.

중국 송나라에 살던 나대경이라는 학자는 집으로 손님을 초대해 이야기를 나누곤 했습니다. 하루는 스님이 찾아와 진정한 진리를 탐구하고 깨달음을 얻는 방법을 설명했습니다.

"어떤 사람이 수레에 무기를 가득 싣고 이것저것 꺼낸들 사람을 죽일 수 있는 것은 아니다. 나는 ㉠**한 마디 쇠붙이로도 사람을 죽일 수 있다.**"

여기서 '수레에 가득 싣고 온 무기'는 여러 가지 천한 생각을 뜻하며, '사람을 죽이다'는 뜻은 마음속의 천한 생각을 없애고 깨달음을 얻게 한다는 뜻입니다. 다시 말해 여러 가지 천한 생각을 하면 깨달음을 얻지 못하지만, 진정한 진리를 탐구하면 '   ㉡   '는 것입니다.

2 ㉠의 내용과 어울리는 글자에 ◯ 하세요.

마디	아름다울	메	비단	쇠	클	죽일	사람
촌	미	산	금	철	대	살	인

3 ㉡에 들어갈 알맞은 말을 골라 보세요. (   )

① 간단한 말로도 남을 감동하게 하거나 남의 약점을 찌를 수 있다

② 결혼이나 장례 등과 같이 사람이 살면서 치르게 되는 큰 행사라

③ 여러 방면에 뛰어난 사람이라

④ 사람이 수없이 많이 모인 상태라

4 다음 대화를 읽고 빈칸에 들어갈 알맞은 성어를 골라 보세요. ( )

국가대표의 경기가 있다더니,

[   ]를 이루었구나.

세상에, 저 사람들 좀 봐!

① 인간대사

② 팔방미인

③ 인산인해

④ 촌철살인

5 밑줄 친 성어의 뜻으로 알맞은 것을 골라 보세요. ( )

> 종호는 그림도 잘 그리고 노래도 잘 부르는 **팔방미인**이다.

① 여러 방면에 뛰어난 사람.

② 결혼이나 장례 등과 같이 사람이 살면서 치르게 되는 큰 행사.

③ 간단한 말로도 남을 감동하게 하거나 남의 약점을 찌를 수 있음.

④ 사람이 수없이 많이 모인 상태.

세계인의 날

오늘 5월 20일은 세계인의 날입니다. 재연이네 가족은 ○○시 광장에서 열린 세계인의 날 기념 축제 구경을 갔습니다. 세계인의 날은 다양한 민족, 문화권의 사람들이 서로 이해하고 공존하는 다문화 사회를 만들자는 취지로 설립된 기념일입니다. 광장은 축제에 참여한 사람들로   ㉠   를 이루었습니다.

올해 축제에는 베트남, 독일, 인도, 프랑스의 여러 가지 문화와 풍습을 볼 수 있었습니다. 그중에서 재연이가 가장 흥미롭게 구경한 것은 각 나라의 전통 결혼 풍습입니다.

베트남에서는 붉은색이 부와 복을 상징한다고 여겨 신부가 붉은색 전통 의상 아오자이를 입으며 결혼식장도 붉은색을 많이 사용해 단장합니다. 독일에서는 오래된 그릇을 깨며 나쁜 운을 물리치고 행운을 얻길 바란다고 합니다. 신랑 신부가 깨진 그릇을 함께 치우며 앞으로 어렵고 힘든 일도 이겨낼 수 있다는 의미를 담고 있기도 합니다. 인도에서는 결혼식 전에 신부의 손이나 팔에 헤나라는 식물에서 뽑아낸 염료를 이용해 화려하고 정교한 문양을 그리는 메헨디를 합니다. 메헨디는 신부에게 행운과 풍성한 결혼생활을 기원하는 풍습입니다. 프랑스에서는 신랑 신부의 이름이 새겨진 잔으로 두 사람의 행복을 기원하며 축배*를 듭니다. 그리고 신랑 신부는 그 잔을 평생 소중하게 간직합니다.

재연이는 결혼이라는 ㉡**인륜대사**를 치르기 위해 나라마다 각기 다른 풍습이 있지만, 신랑과 신부가 행복하게 잘 살기를 바라는 마음이 같다는 점이 인상 깊었습니다.

*축배: 축하하기 위해 마시는 술. 또는 그런 술잔.

6 재연이는 오늘 무엇을 했는지 골라 보세요. ( )

① 베트남 전통 결혼식 참석 ② 그릇 깨기 행사 참가

③ 세계 전통 의상 전시회 관람 ④ 세계인의 날 축제 구경

7 ㉠에 들어갈 알맞은 성어를 골라 보세요. ( )

① 인산인해 ② 팔방미인 ③ 촌철살인 ④ 인륜대사

8 어떤 나라의 결혼 풍습인지 알맞은 말을 글에서 찾아 쓰세요.

(1) 신랑 신부의 이름이 새겨진 잔으로 축배를 듭니다. ⋯⋯⋯⋯⋯ ( )

(2) 신부가 붉은색 전통 의상 아오자이를 입습니다. ⋯⋯⋯⋯⋯⋯ ( )

(3) 신랑 신부가 오래된 그릇을 깹니다. ⋯⋯⋯⋯⋯⋯⋯⋯⋯ ( )

(4) 신부의 손이나 팔에 메헨디를 합니다. ⋯⋯⋯⋯⋯⋯⋯⋯⋯ ( )

9 다음 문장을 읽고 빈칸에 들어갈 알맞은 말을 글에서 찾아 써 보세요. ( )

> 세계인의 날은 다양한 민족, 문화권의 사람들이 서로 이해하고 ☐ 하는 다문화 사
> 회를 만들자는 취지로 설립되었습니다.

10 ㉡의 뜻으로 알맞은 것을 골라 보세요. ( )

① 사람이 수없이 많이 모인 상태.

② 간단한 말로도 남을 감동하게 하거나 남의 약점을 찌를 수 있음.

③ 결혼이나 장례 등과 같이 사람이 살면서 치르게 되는 큰 행사.

④ 여러 방면에 능통한 사람.

'꿈', '꿈꾸다'라는 의미의 한자로 [꿈 몽]이라고 읽어요.

사자성어

비 夢 사 夢
아닐 　 꿈 　 닮을 　 꿈

: 꿈인지 현실인지도 모를 만큼 정신이 흐릿한
상태.

고사성어

동 상 이 夢
한가지 　 평상* 　 다를 　 꿈

: 겉으로는 같이 행동하더라도 속으로는 서로
다른 생각을 하고 있음.

＊**평상**: 누워서 자거나 쉴 수 있도록 만든 침상.

1 다음 빈칸에 알맞은 말을 써서 성어를 완성하고 알맞은 말에 ◯ 하세요.

(1) 겉뜻 　현실이 ┃ 아닌 ┃ 꿈 ┃ 속인 것 같으면서 현실과 ┃ 닮은 ┃ 꿈

　성어

　속뜻 　꿈인지 현실인지도 모를 만큼 정신이 (흐릿한 상태 / 또렷한 상태).

(2) 겉뜻 ┃ 한 ┃ 평상 ┃ 에 누워서 ┃ 다른 ┃ 꿈 ┃ 을 꾸다

　성어　동

　속뜻 　겉으로는 같이 행동하더라도 속으로는 서로 (다른 / 같은) 생각을 하고 있음.

고사성어

호 접 지 夢

오랑캐　나비　갈　꿈

: 자신과 사물의 구별을 잊음.

고사성어

일 장 춘 夢

한　마당　봄　꿈

: 인생의 부귀영화*가 덧없이 사라짐.

＊**부귀영화**: 재산이 많고 지위가 높으며 귀하게 되어
온갖 영광을 누림.

(3) 겉뜻　호　랑　나비　의　꿈

성어　호　　지

속뜻　자신과 사물의 (구별을 잊음 / 구별을 잘 함).

(4) 겉뜻　한　마당　에서　봄　에 꾸는　꿈

성어

속뜻　인생의 부귀영화가 덧없이 (사라짐 / 나타남).

다음 글을 읽고 질문에 답하세요.

어느 날, 장자라는 사람이 자신이 나비가 되어 꽃들 사이를 날아다니는 꿈을 꾸게 되었습니다. 꿈에서 깨어난 장자는 자신이 나비가 아니라 사람이라는 것을 깨달았습니다. 너무도 생생한 꿈이었기 때문에 장자는 '내가 호랑나비가 되는 꿈을 꾼 것인지, 반대로 나비가 장자라는 사람이 된 ㉠**호랑나비의 꿈**인지 알 수 없구나.'라고 생각했습니다. 바로 자신과 사물의 구별을 잊는 깨달음을 얻은 것입니다.

이렇게 깨달음의 경지에 오르게 되면 자신과 사물이 한 몸처럼 느껴지는 경험을 통해 '⟨　ㄴ　⟩'을 알게 됩니다.

2 ㉠의 내용과 어울리는 글자에 ○ 하세요.

| 오랑캐 | 봄 | 나비 | 갈 | 다를 | 사람 | 아닐 | 꿈 |
| 호 | 춘 | 접 | 지 | 이 | 인 | 비 | 몽 |

3 ㄴ에 들어갈 알맞은 말을 골라 보세요. 　　　　　　　　　　(　　　　　)

① 헛된 영화나 덧없는 일

② 겉으로는 같이 행동하면서도 속으로는 각각 다른 생각을 하고 있음

③ 자신과 사물의 구별을 잊음

④ 꿈인지 현실인지도 모를 만큼 정신이 흐릿한 상태임

4 다음 중 성어 '비몽사몽'을 바르게 사용한 친구를 모두 골라 보세요. 2개 ( )

> 민아: 여행을 갔다가 새벽에 들어왔더니 온 가족이 **비몽사몽**으로 정신이 없었어.
>
> 예지: 선수들은 자기가 국가대표 선수가 될 거라는 **비몽사몽**을 꾸고 있어.
>
> 채연: 할아버지께서는 돈만 생각하는 삶은 **비몽사몽**처럼 허망한 거라고 하셨어.
>
> 선미: 어제 회사에서 늦게 퇴근하신 아빠는 아침 내내 **비몽사몽** 하셨어.

① 민아   ② 예지   ③ 채연   ④ 선미

5 밑줄 친 부분과 바꾸어 쓸 수 있는 말을 골라 보세요. ( )

> 내 꿈은 사업이 실패함으로써 **인생의 부귀영화가 덧없이 사라진 꼴이 되고 말았다.**

① 호접지몽을 꾸었다.

② 비몽사몽이다.

③ 동상이몽이었다.

④ 일장춘몽으로 끝나고 말았다.

윤진이의 일기

20○○년 3월 ○일 일요일

오늘은 동생 윤호와 방 정리를 하기로 해서 평소보다 일찍 일어났다. 그런데 윤호는 **㉠꿈인지 현실인지 모를 만큼 정신이 흐릿해 보였다.** 일찍 일어나서 잠이 덜 깬 모양이었다. 연신 하품만 하는 윤호에게 정리를 끝내고 같이 놀자고 약속했다. 윤호는 그 말에 서둘러 정리를 하러 방으로 갔다. 그런데 윤호는 십 분도 되지 않아 정리를 다 끝냈다며 빨리 놀러 가자고 했다. 직접 확인해보니 방 여기저기 널려 있던 온갖 잡동사니가 서랍에 아무렇게나 들어가 있었다. 정리를 왜 이렇게 했냐고 물어보자 윤호가 속상한 목소리로 말했다.

"어지럽힌 물건이 눈에 보이지 않으면 정리가 된 거라고 생각했어. 그리고 빨리 정리를 끝내야 누나랑 놀 수 있잖아. 요즘 누나가 친구들이랑 놀고 나랑은 놀지 않아서 서운했거든."

나는 모든 물건이 제자리에 있어야 정리라고 생각하는데, 윤호는 눈에 보이는 물건이 없어야 정리라고 생각했던 것이다. 같은 정리를 두고도 다르게 생각하다니, 정말 ⓒ□□□이 따로 없었다. 나랑 놀고 싶어서 그랬다는 윤호의 마음을 이해하고나니, 윤호의 처지를 잘 이해할 수 있었다.

"나랑 놀고 싶어 하는 마음 때문에 정리를 급하게 했구나? 어서 방을 같이 정리하고 얼른 놀러 가자."

"누나가 내 마음을 이해해 줘서 고마워. 앞으로 정리는 누나처럼 잘할게."

6 윤진이는 오늘 무엇을 했는지 골라 보세요. ( )

① 방 정리 　　　　　　　　② 학용품 사기

③ 이불 빨래 　　　　　　　④ 화단 정리

7 ㉠과 뜻이 비슷한 말을 골라 보세요. ( )

① 비몽사몽인 상태로 보였다. 　　② 호접지몽이었다.

③ 일장춘몽을 꾸었다. 　　　　　④ 동상이몽인 것 같았다.

8 이 글을 읽고 올바르지 <u>않게</u> 말한 친구를 모두 골라 보세요. 2개 ( )

① **예진**: 윤호는 어지럽힌 물건이 눈에 보이지 않으면 정리가 된 거라고 생각했어.

② **소연**: 윤진이와 윤호는 먼저 놀고 정리를 하기로 했어.

③ **종호**: 윤호는 빨리 정리를 끝내고 윤진이와 놀고 싶었어.

④ **민기**: 윤진이는 정리를 대충한 윤호에게 화를 냈어.

9 다음 문장을 읽고 빈칸에 들어갈 알맞은 말을 글에서 찾아 써 보세요. ( )

　　　윤진이는 윤호의 마음을 이해하자 윤호의 ☐☐☐를 잘 이해할 수 있었습니다.

10 ㉡에 들어갈 알맞은 성어를 쓰세요.

'듣다', '들리다'라는 의미의 한자로 [들을 문]이라고 읽어요.

고사성어

聞 일 지 십
들을   한   알   열

: 하나를 듣고 열 가지를 미루어 안다는
뜻으로 지극히 총명함.

고사성어

금 시 초 聞
이제   때   처음   들을

: 바로 지금 처음으로 들음.

＊이제 금: '지금', '이 순간' 등의 뜻이 있는 한자.

1 다음 빈칸에 알맞은 말을 써서 성어를 완성하고 알맞은 말에 ○ 하세요.

(1) 겉뜻 | 듣다 | 하나 를, | 알다 | 열 가지를

성어 ☐ ☐ ☐ ☐

속뜻 (하나를 듣고 / 두세 번 듣고) 열 가지를 미루어 안다는 뜻으로 지극히 총명함.

(2) 겉뜻 | 지금 바로 이 | 때 | 처음 으로 | 들었다

성어 금 ☐ ☐ ☐

속뜻 (바로 지금 / 매일매일) 처음으로 들음.

사자성어

견 聞 일 치[*]

볼   들을   한   이를

: 보고 들은 바가 꼭 같음.

* **이를 치**: '어떤 상태나 정도에 이르다'라는 뜻이 있는 한자.

고사성어

전 대[*]미 聞

앞   대신할   아닐   들을

: 이제까지 들어 본 적 없는 매우 놀랍거나 처음 있는 일.

* **대신할 대**: '시대', '일생' 등의 뜻이 있는 한자.

(3) 겉뜻 [보고] [들은] 것이 모두 [한] 가지에 [이른다]

성어

속뜻 (보고 들은 / 만져보고 먹어 본) 바가 꼭 같음.

(4) 겉뜻 [앞] [시대] 에도 [아니] [들었다] (듣지 못했다)

성어

속뜻 이제까지 (들어 본 적 있는 / 들어 본 적 없는) 매우 놀랍거나 처음 있는 일.

공자에게는 자공과 안회라는 제자가 있었습니다. 자공은 언어, 안회는 덕행*에 있어서 공자의 가르침을 받는 사람 중 으뜸이었습니다. 하루는 공자가 자공을 불러 스스로 생각하기에 본인과 안회 둘 중 누가 더 뛰어난지 물었습니다. 자공은 이렇게 말했습니다.

"제가 어찌 안회와 비교할 수 있겠습니까. 안회는 ㉠**하나를 듣고 열 가지를 압니다.** 하지만 저는 하나를 듣고 겨우 둘밖에 알지 못합니다."

자공이 안회의 뛰어남을 설명한 것처럼 '㉡_____'을 표현할 때 이 고사성어를 사용합니다.

* 덕행: 실제 겉으로 드러나는 너그럽고 인정이 많으며 슬기롭고 덕이 많은 행동.

2 ㉠의 내용과 어울리는 글자에 ◯ 하세요.

볼	들을	앞	한	알	이제	열	아닐
견	문	전	일	지	금	십	미

3 ㉡에 들어갈 알맞은 말을 골라 보세요. (   )

① 이제까지 들어 본 적이 없음

② 바로 지금 처음으로 들음

③ 보고 들은 바가 꼭 같음

④ 지극히 총명함

4 다음 상황에 어울리는 성어를 골라 보세요. ( )

> 이 연구 결과는 이제까지 들어 본 적 없는 발견으로 세계적인 주목을 받고 있습니다.

① 금시초문 ② 전대미문

③ 견문일치 ④ 문일지십

5 밑줄 친 성어의 뜻으로 알맞은 것을 골라 보세요. ( )

책이나 영상으로 보던 여행지에 도착하니 **견문일치**하는 경험을 하게 되었다.

① 보고 들은 바가 꼭 같음.

② 바로 지금 처음으로 들음.

③ 이제까지 본 적이 없는 매우 놀랍거나 처음 있는 일.

④ 하나를 듣고 열 가지를 미루어 안다는 뜻으로 지극히 총명함을 이르는 말.

영균이와 버섯볶음

영균이는 반찬으로 나온 버섯볶음을 보고 눈살을 찌푸렸습니다. 당근이나 오이 같은 채소 반찬은 좋아하지만, 버섯 같은 채소는 먹기 싫다고 하자 아버지께서 말씀하셨습니다.

"영균아, 버섯은 식물이 아니기 때문에 채소라고 할 수 없단다. 버섯은 곰팡이와 같은 균류거든. 생김새만 봐도 식물과 차이점이 많지?"

영균이는 깜짝 놀랐습니다. 버섯이 채소가 아니라 곰팡이와 같은 균류라니, 믿을 수 없었습니다. 영균이의 표정을 보던 아버지께서 웃으며 말씀하셨습니다.

"하하, ㉠**금시초문**이라는 반응이구나. 버섯은 식물과 달리 초록색이 아니고 꽃이나 잎, 뿌리도 없지. 식물은 광합성*을 통해 스스로 양분을 만들지. 하지만 버섯은 스스로 양분을 만들지 못하기 때문에 동물이나 식물, 썩는 물질에서 양분을 얻어 자라지. 이런 생물을 균류라고 한단다."

"설명을 들으니까 버섯이 더 싫어졌어요. 곰팡이를 먹는 셈이잖아요. 버섯을 먹고 배탈이 났다고 ⓒ 으로 뉴스에 나오면 어쩌죠?"

"하하, 영균이 네가 간식으로 맛있게 먹은 빵에도 균류가 들어간단다. 밀가루를 발효시키기 위해 넣는 효모가 바로 균류거든. 게다가 이 버섯볶음은 아빠가 열심히 요리해 본 반찬인데, 한번 먹어보면 생각이 달라질걸?"

아버지의 설명을 들은 영균이는 용기를 내어 버섯볶음을 입에 넣었습니다. 쫄깃한 식감이 채소와 다른 느낌이 들며 무척 맛있었습니다.

＊**광합성**: 식물이 햇빛을 이용하여 이산화 탄소와 물로 양분을 만드는 과정.

6 다음 중 균류가 <u>아닌</u> 것을 골라 보세요. ( )

① 버섯 　　　　② 오이 　　　　③ 효모 　　　　④ 곰팡이

7 ㉠의 뜻으로 알맞은 말을 골라 보세요. ( )

① 바로 지금 처음으로 들음.

② 보고 들은 바가 꼭 같음.

③ 이제까지 들어 본 적이 없는 매우 놀랍거나 처음 있는 일.

④ 지극히 총명함.

8 버섯에 대한 설명으로 옳은 것에 ○, 틀린 것에 ✕ 해 보세요.

(1) 초록색이다. ………………………………………………… ( )

(2) 꽃과 잎, 뿌리가 있다. ………………………………………… ( )

(3) 광합성을 통해 스스로 양분을 만든다. …………………… ( )

(4) 동물이나 식물, 썩는 물질에서 양분을 얻는다. …………… ( )

9 다음 문장을 읽고 빈칸에 들어갈 알맞은 말을 글에서 찾아 써 보세요. ( )

곰팡이, 버섯, [   ]를 균류라고 합니다.

10 ㉡에 들어갈 알맞은 말을 골라 보세요. ( )

① 금시초문의 사건 　　　　② 견문일치의 사건

③ 문일지십의 사건 　　　　④ 전대미문의 사건

'말씀', '말', '언어'라는 의미의 한자로 [말씀 **언**]이라고 읽어요.

고사성어

감 言 이 설
달   말씀   이로울   말씀

: 남을 속이기 위하여, 남의 비위를 맞추거나 상황이 이로운 것처럼 꾸민 말.

고사성어

言 행 일 치
말씀   행할   한   이를

: 말과 행동이 하나로 들어맞음. 또는 말한 대로 실행함.

---

1 다음 빈칸에 알맞은 말을 써서 성어를 완성하고 알맞은 말에 ◯ 하세요.

(1) 겉뜻 | 달콤한 | 말 | 과 | 이로운 | 말

성어

속뜻   남을 (설득하기 / 속이기) 위하여, 남의 비위를 맞추거나 상황이 이로운 것처럼 꾸민 말.

(2) 겉뜻 | 말 | 과 | 행동 | 이 | 한 | 가지에 | 이른다

성어

속뜻   (말 / 그림)과 (행동 / 상상)이 하나로 들어맞음. 또는 말한 대로 (생각함 / 실행함).

고사성어

유 구 무 를

있을   입   없을   말씀

: 변명할 말이 없음.

고사성어

호 믄 장 담

호걸*   말씀   씩씩할   말씀

: 어떤 목적을 이루겠다고 호기롭고 자신 있게
말함.

*호걸: 지혜와 용기가 뛰어나고 굳세고 큰 뜻을 품은 사람.

(3) 겉뜻 [있다] [입] 이, 하지만 [없다] 할 [말] 이

성어 ☐ ☐ ☐ ☐

속뜻 (변명 / 주장)할 말이 없음.

(4) 겉뜻 [호기롭게] [말] 하고 [씩씩하게] [말] 하다

성어 ☐ ☐ ☐ ☐

속뜻 호기롭고 (자신 있게 / 자신 없게) 말함.

[2~3] 다음 글을 읽고 질문에 답하세요.

중국 당나라에 이임보라는 정치가가 살았습니다. 이임보는 국가보다 자신의 이익을 우선시하며 남몰래 다른 속셈을 가지고 그것을 이루기 위해 애쓰는 간신이었습니다. 이임보는 황제의 곁에서 충성을 다하는 신하를 멀리하고, 그들의 간언*이 황제의 귀에 들어가지 못하게 했습니다. 이임보는 ㉠**달콤한 말과 이로운 말**로 황제의 비위를 잘 맞추었기 때문입니다.

이처럼 '　　　㉡　　　'을 표현할 때 이 고사성어를 사용합니다.

*간언: 웃어른이나 임금에게 잘못을 고치도록 하는 말.

2　㉠의 내용과 어울리는 글자에 ◯ 하세요.

달	말씀	이제	다를	한	닮을	이로울	말씀
감	언	금	이	일	사	이	설

3　㉡에 들어갈 알맞은 말을 골라 보세요.　　　　　　　　　　（　　　　　）

① 어떤 목적을 이루겠다고 호기롭고 자신있게 말함

② 변명할 말이 없음

③ 남을 속이기 위하여, 남의 비위를 맞추거나 상황이 이로운 것처럼 꾸민 말

④ 말과 행동이 하나로 들어맞음

4 빈칸에 들어갈 알맞은 말을 **보기** 에서 찾아 쓰고 알맞은 설명에 ○ 하세요.

보기　　행동　　말　　열　　처음　　달콤　　한

'언행일치'의 겉뜻은 [　　]과 [　　]이 [　　] 가지에 이른다는 뜻입니다.

이 성어는 '말과 행동이 (하나로 들어맞을 때 / 여러 가지로 달라질 때), 또는 말한 대로
(생각함 / 실행함)'을 뜻합니다.

5 밑줄 친 부분과 바꾸어 쓸 수 있는 말을 골라 보세요.　　　　　　　　(　　　　)

> 선생님 말씀을 듣고 보니 모두가 내 잘못이라 **변명할 말이 없었다**.

① 유구무언이었다.

② 감언이설이었다.

③ 언행일치였다.

④ 호언장담했다.

인터넷 세상에서의 예의

소희는 학교 누리집의 자유 게시판에서 반 회장 선거 후보로 나온 정수를 나쁘게 이야기하는 글을 보게 되었습니다.

제목: 회장 후보로 나온 김정수의 말을 믿지 마세요.　　　　글쓴이: 초록별

정수는 회장이 되면 친구들을 위한 학급 봉사활동에 적극적으로 참여하겠다고 ㉠**호언장담**했습니다. 하지만 정수는 이동 수업 시간에 제일 늦게 들어옵니다. 분명 놀다가 늦게 들어오는 것입니다. 회장이 되면 특별실로 이동할 때 가장 앞에서서 친구들을 이끌어야 합니다. 하지만 정수는 자기가 약속한 일을 제대로 지키지 못할 것입니다.

소희는 게시물을 읽고 정수에 대한 모함*이라고 생각했습니다. 그래서 정수에 대해 사실대로 알려주는 글을 쓰기로 했습니다.

제목: 초록별이 쓴 글은 사실과 다릅니다.　　　　글쓴이: 넓은호수

정수는 ㉡**말과 행동이 하나로 들어맞는 모습을** 보여주는 친구입니다. 정수가 이동 수업 시간에 늦게 들어오는 까닭은 반에 남겨진 친구가 있는지 확인하기 때문입니다. 초록별 님은 사실과 다른 내용의 글을 삭제해 주세요.

다른 사람들도 초록별의 글이 사실과 다르다며 게시판에 글을 썼습니다. 그러자 초록별은 자신의 글을 삭제했습니다. 소희는 얼굴도, 이름도 숨길 수 있는 인터넷 세상에서도 현실처럼 예의를 지켜야 한다고 생각했습니다.

＊**모함**: 나쁜 꾀를 부려 아무 잘못 없는 사람을 어려운 처지에 빠뜨림.

6 소희는 자유 게시판에서 누가 쓴 글을 읽게 되었는지 골라 보세요. ( )

① 넓은호수 ② 정수

③ 선생님 ④ 초록별

7 ㉠의 뜻으로 알맞은 말을 골라 보세요. ( )

① 말과 행동이 하나로 들어맞음.

② 변명할 말이 없음.

③ 남을 속이기 위하여, 남의 비위를 맞추거나 이로운 것처럼 꾸민 말.

④ 어떤 목적을 이루겠다고 호기롭고 자신있게 말함.

8 이 글을 읽고 올바르지 않게 말한 친구를 모두 골라 보세요. 2개 ( )

① **연재**: '초록별'이 쓴 글은 학교 누리집의 공지사항 게시판에서 볼 수 있어.

② **준서**: '초록별'은 정수가 약속을 제대로 지키지 못할 거라는 글을 썼어.

③ **재민**: '넓은호수'는 정수가 인터넷 세상에서 쓰는 이름이야.

④ **성화**: 다른 사람들도 '초록별'의 글이 사실과 다르다고 글을 썼어.

9 다음 문장을 읽고 빈칸에 들어갈 알맞은 말을 글에서 찾아 써 보세요. ( )

인터넷 세상에서도 현실처럼 [ ]를 지켜야 합니다.

10 ㉡과 바꾸어 쓸 수 있는 말을 골라 보세요. ( )

① 감언이설인 말을 ② 언행일치하는 모습을

③ 호언장담하는 모습을 ④ 유구무언인 상태를

1 보기의 성어에 들어가는 공통된 한자를 골라 보세요. ( )

보기	전대미문	금시초문	견문일치	문일지십

① 사람 人

② 꿈 夢

③ 들을 聞

④ 말씀 言

2 다음 그림에 어울리는 성어를 보기에서 골라 쓰세요.

보기	인륜대사	호접지몽	유구무언	견문일치

(1)

(2)

똑같다!

3 다음 겉뜻에 알맞은 성어를 **보기** 에서 골라 쓰세요.

(1) 사람의 산과 사람의 바다

(2) 달콤한 말과 이로운 말

4 다음 성어의 속뜻으로 알맞은 말에 ◯ 하세요.

(1) **팔방미인**

: 여러 방면에 (아주 뛰어난 / 많이 부족한) 사람.

(2) **비몽사몽**

: 꿈인지 현실인지도 모를 만큼 정신이 (흐릿한 상태 / 또렷한 상태).

(3) **언행일치**

: (말 / 그림)과 (행동 / 상상)이 하나로 들어맞음. 또는 말한 대로 (생각함 / 실행함).

(4) **호언장담**

: 어떤 목적을 이루겠다고 호기롭고 (자신 있게 / 자신 없게) 말함.

5 다음 성어에 알맞은 속뜻을 찾아 선으로 연결하세요.

(1) 문일지십 ●

(2) 전대미문 ●

(3) 호접지몽 ●

(4) 언행일치 ●

(5) 인륜대사 ●

● ㉠ 결혼이나 장례 등과 같이 사람이 살면서 치르게 되는 큰 행사.

● ㉡ 이제까지 들어 본 적이 없는 매우 놀랍거나 처음 있는 일.

● ㉢ 자신과 사물의 구별을 잊음.

● ㉣ 말과 행동이 하나로 들어맞음. 또는 말한 대로 행동함.

● ㉤ 하나를 듣고 열 가지를 미루어 안다는 뜻으로 지극히 총명함을 이르는 말.

6 괄호 안에 들어갈 알맞은 성어에 ○ 해 보세요.

(1) 부자가 되겠다는 내 꿈은 사업이 실패함으로써 결국 (일장춘몽 / 비몽사몽)으로 끝났다.

(2) 그의 (촌철살인 / 팔방미인)적인 말하기 방법은 나에게 많은 도움이 되었다.

(3) 사람들은 그에게 잘못을 따져 물었으나 그는 (호언장담 / 유구무언)일 뿐이었다.

(4) 축제를 구경하러 온 사람들로 주변이 (인산인해 / 견문일치)였다.

(5) 어린이날에 나는 놀이동산을, 동생은 동물원에 가고 싶은 (동상이몽 / 감언이설)을 꾼다.

7 다음 문장에서 밑줄 친 부분을 바르게 고쳐 써 보세요.

(1) 새벽까지 영화를 보다 잤더니 아침부터 **미몽사몽**으로 정신이 없다.

→ 　　　　　　

(2) 재윤이에게 수학 숙제를 다 했냐고 물어보자 깜짝 놀라며 **금지초문**이라고 했다.

→ 　　　　　　

(3) 성민이는 오늘까지 책을 다 읽겠다고 **효언장담** 했지만 절반밖에 읽지 못했다.

→ 　　　　　　

(4) 그는 사기꾼의 **고언이설**에 속아 전 재산을 잃고 말았다.

→ 　　　　　　

8 다음 글과 어울리는 성어가 무엇인지 골라 보세요. 　　　　　(　　　　　)

얼마 전, 우리 반 환경부장이 된 미영이는 우리 반을 깨끗하게 만들겠다는 약속을 지키느라 바쁘다. 쉬는 시간에는 바닥에 쓰레기가 떨어져 있지 않은지 확인하고, 재활용 쓰레기통에 일반 쓰레기가 들어갔는지 검사하기도 한다. 자신이 말한 대로 실행하는 미영이의 태도는 정말 대단한 것 같다.

① 호접지몽　　　　　　　② 금시초문

③ 언행일치　　　　　　　④ 호언장담

言
말씀 언

말씀 언(言)은 '말', '말씀', '언어', '가르치는 말'이라는 뜻을 가진 글자예요. 입에서 소리가 퍼져나간다는 의미로 '말하다'와 관계된 뜻으로 쓰여요. 言이 들어가는 단어를 알아 볼까요?

남길	말씀
유	言

죽음에 이르러 말을 남김.

예 아버지의 **유언**에 따라 고향 집을 팔기로 했다.

예 왕은 왕자에게 나라를 잘 다스릴 것을 **유언**으로 남겼다.

미리	말씀
예	言

앞으로 다가올 일을 미리 알거나 짐작하여 말함.

예 점쟁이의 **예언**을 듣기 위해 사람들이 광장에 모였다.

예 할아버지의 **예언**대로 나는 선생님이 되어 아이들을 가르치고 있다.

도울	말씀
조	言

도움이 되도록 말로 거들거나 깨우쳐 줌.

예 숙제가 어려워서 누나에게 **조언**을 구했다.

예 전문가의 **조언**에 따르면 꾸준한 운동은 각종 질병을 막는 데 가장 효과적이다.

3단원

⊘ **미리보기** 아래 단어를 보고 배울 성어의 뜻을 자유롭게 상상해 보세요.

風
바람 **풍**

청風명월
마이동風
風전등화
추風낙엽

山
메 **산**

山천초목
山전수전
우공이山
금수강山

草
풀 **초**

草근목피
결草보은
草가삼간
삼고草려

水
물 **수**

행운유水
아전인水
청산유水
명경지水

'바람', '바람이 불다'라는 의미의 한자로 [바람 풍]이라고 읽어요.

사자성어

청 風 명 월
맑을　바람　밝을　달

: 맑은 바람과 밝은 달.

고사성어

마 이 동 風
말　귀　동녘　바람

: 다른 사람의 의견이나 충고를 제대로 듣지
않고 넘겨 버리는 것.

1 다음 빈칸에 알맞은 말을 써서 성어를 완성하고 알맞은 말에 ○ 하세요.

(1) 겉뜻　맑은　바람　과　밝은　달

성어　☐　☐　　☐　☐

속뜻　맑은 (바람 / 구름)과 밝은 (달 / 태양).

(2) 겉뜻　말　의　귀　로　동쪽　바람　이 스친다

성어　☐　☐　☐　☐

속뜻　다른 사람의 의견이나 충고를 (제대로 듣지 않고 / 귀담아들으며) 넘겨 버리는 것.

고사성어

風전등화
바람　앞　등잔　불

: 사물이 매우 위태로운 처지에 놓여 있음.

고사성어

추風낙엽
가을　바람　떨어질　나뭇잎

: 가을바람에 떨어지는 나뭇잎 또는 세력이나
　형편이 갑자기 기울어지거나 약해짐.

(3) 겉뜻

| 바람 | 앞 | 의 | 등잔 | 불 |

성어

속뜻　사물이 매우 (위태로운 / 여유로운) 처지에 놓여 있음.

(4) 겉뜻

| 가을 | 바람 | 에 | 떨어지는 | 나뭇잎 |

성어

속뜻　(가을 / 여름)바람에 떨어지는 나뭇잎 또는 세력이나 형편이 갑자기 기울어지거나
　　　(강해짐 / 약해짐).

[2~3] 다음 글을 읽고 질문에 답하세요.

중국 당나라에 이백이라는 시인이 살았습니다. 이백은 친구 왕십이로부터 '추운 밤에 혼자 술을 마시니 느끼는 것이 많다'라는 시가 적힌 편지를 받게 됩니다. 이백은 그 시를 읽고 전쟁에서 적을 무찌르고 이긴 자만 인정받고, 시를 짓거나 글을 쓰는 사람은 인정받지 못하는 현실에 슬퍼하는 왕십이의 마음을 알아차렸습니다. 그래서 이백은 이렇게 답장을 보냈습니다.

'우리 시인들이 좋은 시를 지어 사람들에게 의견이나 충고를 말하려고 해도 세상은 그것을 알아주지 않지. 마치 ㉠**말의 귀에 동쪽에서 불어오는 바람이 스치는 것**과 같구나.'

이처럼 이 고사성어는 '   ㉡   '을 표현할 때 사용합니다.

2 ㉠의 내용과 어울리는 글자에 ○ 하세요.

밝을	말	앞	귀	동녘	달	바람	이로울
명	마	전	이	동	감	풍	이

3 ㉡에 들어갈 알맞은 말을 골라 보세요.   (   )

① 가을 바람에 떨어지는 나뭇잎 혹은 세력이나 형편이 갑자기 기울어지거나 약해짐

② 다른 사람의 의견이나 충고를 제대로 듣지 않고 넘겨 버리는 것

③ 맑은 바람과 밝은 달

④ 사물이 매우 위태로운 처지에 놓여 있음

4 다음 중 성어 '추풍낙엽'을 바르게 사용한 친구를 모두 골라 보세요. 2개 (   )

> 진희: 동생에게 방을 치우라는 말을 매일 하지만, 동생은 **추풍낙엽**으로 들어.
>
> 수지: **추풍낙엽**이 쌓인 길을 걸으니 가을을 제대로 느낄 수 있었어.
>
> 서준: 어제 본 영화에서 주인공의 발차기에 악당들이 **추풍낙엽**처럼 쓰러졌어.
>
> 강현: 과학자들이 환경 파괴가 심해져서 지구의 운명이 **추풍낙엽**에 놓여 있다고 경고해.

① 진희   ② 수지   ③ 서준   ④ 강현

5 밑줄 친 부분과 바꾸어 쓸 수 있는 말을 골라 보세요. (   )

> 전쟁으로 나라의 운명이 **매우 위태로운 처지에 놓여 있을** 때마다 훌륭한 위인이 탄생했다.

① 마이동풍일

② 청풍명월 같을

③ 풍전등화와 같을

④ 추풍낙엽일

플라스틱 병뚜껑의 모험

태준이는 『플라스틱 병뚜껑의 모험』이라는 책을 읽었습니다. 주인공 에밀리가 강에 버린 플라스틱 병뚜껑이 강에서 바다로, 바다에서 에밀리네 가족이 가꾸는 텃밭까지 도착하게 되는 이야기입니다.

병뚜껑은 강에 사는 곤충들의 보금자리를 파괴하고, 바다에서는 거북이와 돌고래를 다치게 했습니다. 그리고 병뚜껑을 작은 물고기로 착각한 새의 먹이가 되었습니다. 새는 병뚜껑을 소화하지 못하고 에밀리네 텃밭에 떨어졌습니다. 새의 위장에서 나온 병뚜껑은 땅을 황폐*하게 만들었습니다. 이렇게 병뚜껑이 에밀리네 텃밭까지 오는 동안 80년의 세월이 흘렀습니다. 열 살이던 에밀리는 할머니가 되었지만, 병뚜껑은 전혀 썩지 않았습니다. 플라스틱이 썩기까지는 500년 이상이 걸리기 때문입니다.

병뚜껑처럼 썩는 데 오래 걸리는 비닐, 캔 등의 쓰레기들이 마을을 뒤덮었습니다. 할머니가 된 에밀리는 슬픈 목소리로 '옛날에는 마을에서 ㉠**맑은 바람과 밝은 달**을 벗* 삼아 행복하게 지내던 때가 있었지…….'라며 중얼거리다 갑자기 꿈에서 깨어나게 됩니다. 꿈에서 깬 에밀리는 병뚜껑을 버리기 전으로 돌아온 것을 깨닫고, 앞으로 쓰레기를 함부로 버리지 않겠다고 다짐했습니다.

태준이는 책을 다 읽고 함부로 버린 쓰레기가 환경을 오염시키기 때문에 올바르게 분리수거해서 버리겠다고 다짐했습니다. 어머니께서도 환경 오염이 심각해질수록 지구의 운명은 ㉡**풍전등화와 같아서** 분리수거를 잘하는 것이 결국 지구를 지키는 일이라며 태준이의 다짐을 응원해 주셨습니다.

***황폐**: 집, 땅, 숲 등이 거칠어져 못 쓰게 됨.
***벗**: 사람이 늘 가까이하여 심심함이나 지루함을 달래는 사물을 비유적으로 이르는 말.

6 『플라스틱 병뚜껑의 모험』의 주인공은 누구인지 알맞은 것을 골라 보세요. (   )

① 할머니   ② 병뚜껑   ③ 에밀리   ④ 태준이

7 ㉠과 바꾸어 쓸 수 있는 성어를 골라 보세요.   (   )

① 마이동풍   ② 풍전등화

③ 청풍명월   ④ 추풍낙엽

8 에밀리가 겪은 일을 순서대로 번호를 써 보세요.   (→   →   →   )

① 에밀리가 버린 플라스틱 병뚜껑이 에밀리네 가족의 텃밭으로 돌아왔습니다.

② 에밀리가 버린 플라스틱 병뚜껑이 강에 사는 곤충들의 보금자리를 파괴했습니다.

③ 꿈에서 깨어난 에밀리는 쓰레기를 함부로 버리지 않겠다고 다짐했습니다.

④ 에밀리가 강에 플라스틱 병뚜껑을 버렸습니다.

9 다음 문장을 읽고 빈칸에 들어갈 알맞은 말을 글에서 찾아 써 보세요.   (   )

> 플라스틱이 썩기까지는 [   ]년 이상이 걸립니다.

10 ㉡과 바꾸어 쓸 수 있는 말을 골라 보세요.   (   )

① 매우 위태로운 처지에 놓여 있어서

② 다른 사람의 의견이나 충고를 제대로 듣지 않고 넘겨 버려서

③ 세력이나 형편이 갑자기 기울어지거나 약해져서

④ 맑은 바람과 밝은 달 같아서

'산', '산처럼 높다'라는 의미의 한자로 [메 산]이라고 읽어요.

사자성어

山 천 초 목
메 내 풀 나무

: 산과 시내, 풀과 나무 등의 모든 자연.

고사성어

山 전 수 전
메 싸울 물 싸울

: 세상의 온갖 고생과 어려움을 다 겪음.

1 다음 빈칸에 알맞은 말을 써서 성어를 완성하고 알맞은 말에 ◯ 하세요.

(1) 겉뜻   산 과   시내 와   풀 과   나무

성어   산

속뜻   산과 시내, 풀과 나무 등의 모든 (자연 / 건물).

(2) 겉뜻   산 에서   싸우고   물 에서   싸우다

성어

속뜻   세상의 온갖 (편안함과 행복 / 고생과 어려움)을 다 겪음.

고사성어

우*공*이山
어리석을　공변될　옮길　메

: 어떤 일이든 끊임없이 노력하면 반드시 이루어짐.

사자성어

금수강山
비단　수놓을　강　메

: 아름다운 한국의 자연.

*우공: 중국 북산에 살던 노인의 이름.

---

(3)

| 겉뜻 | 우 | 공 | 이 | 옮기다 | , | 산 | 을 |

성어

| 우 | 공 | | |

속뜻　어떤 일이든 끊임없이 (노력하면 / 상상하면) 반드시 이루어짐.

(4)

| 겉뜻 | 비단 | 에 | 수놓은 | 강 | 과 | 산 |

성어

속뜻　아름다운 (한국의 자연 / 한국의 전통).

[2~3] 다음 글을 읽고 질문에 답하세요.

옛날 중국의 북산에 우공이라는 노인이 살았습니다. 우공의 집은 커다란 산 사이에 있어서 교통이 불편했습니다. 그래서 ㉠<u>**우공은 산을 옮겨**</u> 교통을 편리하게 만들겠다고 다짐했습니다. 우공의 아내는 불가능한 일이라고 말렸지만, 우공은 자손 대대로 산의 흙을 옮기면 언젠가는 산이 평평해질 것이라 말하며 매일매일 광주리에 흙을 담아 옮겼습니다. 하늘의 신은 우공의 끊임없이 노력하는 모습을 보고 감동했습니다. 그래서 자신의 아들을 시켜 산을 옮겨주었습니다.
우공의 모습처럼 이 고사성어는 '⬚⬚⬚⬚㉡⬚⬚⬚⬚'을 표현할 때 사용합니다.

2 ㉠의 내용과 어울리는 글자에 ◯ 하세요.

바람	어리석을	공변될	물	달	강	옮길	메
풍	우	공	수	월	강	이	산

3 ㉡에 들어갈 알맞은 말을 골라 보세요. (   )

① 산과 시내, 풀과 나무 등의 모든 자연

② 세상의 온갖 고생과 어려움을 다 겪음

③ 어떤 일이든 끊임없이 노력하면 반드시 이루어짐

④ 아름다운 한국의 자연

4 다음 대화를 읽고 빈칸에 들어갈 알맞은 성어를 골라 보세요. ( )

아빠, 정말 산과 강이 아름다워요!

우리나라는 산과 물이 아름다워서 예로부터 [   ]이라 불렸단다.

① 금수강산 　　　　　　　　② 산천초목

③ 우공이산 　　　　　　　　④ 산전수전

5 밑줄 친 성어의 뜻으로 알맞은 것을 골라 보세요. ( )

그는 여행을 떠나는 기차 안에서 창밖으로 **산천초목**의 아름다움을 감상했다.

① 아름다운 한국의 자연.

② 산과 시내, 풀과 나무 등의 모든 자연.

③ 세상의 온갖 고생과 어려움을 다 겪음.

④ 어떤 일이든 끊임없이 노력하면 반드시 이루어짐.

할머니의 도전

고등학교 졸업을 인정받는 전국 검정고시 합격자 발표가 나자 재희네 집에서는 환호성이 들려왔습니다. 바로 할머니께서 세 번의 도전 끝에 검정고시 합격에 성공하셨기 때문입니다. 재희는 할머니가 무척 자랑스러웠습니다. 할머니께서 얼마나 어렵게 공부하셨는지 잘 알기 때문입니다.

할머니께서는 어려운 집안 형편 때문에 중학교만 졸업하고 공장에서 일하며 돈을 벌어야 했습니다. 그렇게 한평생을 낮에는 공장에서 일하시고, 밤에는 봉투 접기, 바느질 등의 일을 하시며 가족을 위해 헌신하셨습니다. 그래서 가족들은 할머니가 늘푸름센터에서 고등학교 공부를 하는 동안 기쁜 마음으로 응원했습니다. 재희는 용돈을 모아 할머니께 새 안경을 선물해 드렸고, 부모님께서는 할머니를 위한 책상을 준비해 주셨습니다. 할머니는 가족들의 응원을 받으며 마침내 고등학교 검정고시에 합격한 것입니다.

"할머니, 시험에 합격하니 기분이 어떠세요?"

"그동안 ㉠**온갖 고생과 어려움을 다 겪어서** 그런지 책상에 가만히 앉아서 하는 공부가 어찌나 재밌는지 모르겠더구나. 물론 공부를 하다 이해가 되지 않아 힘들 때도 있었지. 하지만 ㉡**어떤 일이든 끊임없이 노력하면 반드시 이루어진다**는 말을 생각하며 인내하고 최선을 다했더니 이렇게 시험에 합격하는구나. 이제 노인 대학교 입학에 도전해서 앞으로는 나처럼 배움에 뜻이 있는 사람들을 돕는 일을 하고 싶구나."

재희와 부모님은 할머니의 다음 도전도 기꺼이 응원하기로 했습니다.

6 할머니께서는 어떤 시험에 합격했는지 골라 보세요. ( )

① 중학교 검정고시   ② 자격증

③ 고등학교 검정고시   ④ 대학교 입학시험

7 ㉠과 뜻이 비슷한 말을 골라 보세요. ( )

① 산천초목을 구경하며   ② 우공이산을 생각하며

③ 금수강산을 바라보며   ④ 산전수전을 겪으며

8 재희네 할머니께서 겪으신 일 중에 맞으면 ○, 틀리면 ✕ 하세요.

(1) 중학교를 졸업하고 공장에서 일했습니다. ⋯⋯⋯⋯⋯⋯⋯⋯⋯⋯⋯⋯ ( )

(2) 두 번의 도전 끝에 고등학교 검정고시에 합격했습니다. ⋯⋯⋯⋯⋯⋯ ( )

(3) 늘푸름센터에서 고등학교 공부를 했습니다. ⋯⋯⋯⋯⋯⋯⋯⋯⋯⋯⋯ ( )

(4) 노인 대학에서 배움에 뜻이 있는 사람을 돕는 일을 하셨습니다. ⋯⋯ ( )

9 다음 문장을 읽고 빈칸에 들어갈 알맞은 말을 글에서 찾아 써 보세요. ( )

> 할머니께서는 　　　하고 최선을 다해 시험에 합격하셨습니다.

10 ㉡의 내용에 알맞은 성어를 쓰세요.

'풀', '풀숲'이라는 의미의 한자로 [풀 **초**]라고 읽어요.

사자성어

草 근 목 피
풀　뿌리　나무　가죽

: 맛이나 영양 가치가 없는 거친 음식.

고사성어

결 *草 보 은
맺을　풀　갚을　은혜

: 죽은 뒤에라도 은혜를 잊지 않고 갚음.

＊**맺을 결**: 묶다, 매다라는 의미를 나타내는 말.

1 다음 빈칸에 알맞은 말을 써서 성어를 완성하고 알맞은 말에 ○ 하세요.

(1) 겉뜻 　풀　　뿌리　와　　나무　　가죽

　　성어

　　속뜻 맛이나 영양 가치가 (풍부한 / 없는) 거친 음식.

(2) 겉뜻 　묶다　　풀　을　　갚다　　은혜　를

　　성어

　　속뜻 죽은 뒤에라도 (은혜를 / 원수를) 잊지 않고 갚음.

고사성어

草 가 삼[*]간[*]

풀   집   석   사이

: 세 칸밖에 안 되는 초가집이란 뜻으로,
아주 작은 집.

*석 삼, 사이 간: 세 칸이라는 뜻을 나타내는 말.

고사성어

삼 고 草 려

석   돌아볼   풀   농막[*]

: 뛰어난 인물을 맞아들이기 위해 참을성 있게
노력함.

*농막: 농사짓는 데 편리하도록 논밭 근처에 간단하게 지은 집.

---

(3) 겉뜻   [풀] 로 만든   [집] 으로   [3]   [칸] 짜리 집

성어   [ ]   [ ]   [삼]   [간]

속뜻   (세 칸 / 다섯 칸)밖에 안 되는 초가집이란 뜻으로 아주 (작은 / 커다란) 집.

(4) 겉뜻   [세] 번이나   [돌아보다]   [풀] 로 된   [농막] 을

성어   [ ]   [ ]   [ ]   [ ]

속뜻   뛰어난 인물을 (맞아들이기 위해 / 보내기 위해) 참을성 있게 노력함.

옛날 중국의 한나라에 유비라는 사람이 살았습니다. 유비는 한나라의 부흥*을 위해 다른 나라와 전쟁을 했는데, 훈련이나 계획을 세울 수 있는 사람이 없어 피해를 많이 입었습니다. 유비는 뛰어난 지혜를 갖춘 제갈공명에게 도움을 요청하기 위해 그의 집을 찾아갔으나 그는 집을 비운 상태였습니다. 두 번째 찾아갔을 때도 제갈공명을 만나지 못했습니다. 그래서 유비는 제갈공명을 세 번이나 찾아갔습니다. 제갈공명은 유비가 ㉠**세 번이나 농막을 찾아와** 자신을 기다린 정성에 감동해 유비의 편에 서게 되었습니다. 제갈공명의 뛰어난 계획으로 유비는 중국 대륙을 통일할 수 있게 되었습니다.

이처럼 '   ㉡   ' 상황에 이 고사성어를 사용합니다.

* 부흥: 기세가 약해졌던 것이 다시 활발하게 일어남. 또는 그렇게 되게 함.

2 ㉠의 내용과 어울리는 글자에 ○ 하세요.

메	석	돌아볼	맺을	비단	풀	바람	농막
산	삼	고	결	금	초	풍	려

3 ㉡에 들어갈 알맞은 말을 골라 보세요.   (   )

① 뛰어난 인물을 맞아들이기 위해 참을성 있게 노력하는

② 맛이나 영양가치가 없는 거친 음식을 먹는

③ 죽은 뒤에라도 은혜를 잊지 않고 갚는

④ 세 칸밖에 안 되는 초가집처럼 아주 작은 집에서 사는

4 다음 일기를 읽고 빈칸에 들어갈 성어를 골라 보세요.　　　　　　（　　　　）

<u>20○○년 5월 ○일</u>

　오늘 할아버지의 낡은 집을 허물고, 새 집을 짓기로 한 날이다. 할아버지께서는
　[　　　　　　　]인 작은 집이지만 부엌에서 할머니가 맛있는 음식을 하고, 마당에서
는 아버지와 고모가 뛰어놀았던 좋은 집이라고 하셨다. 평생 함께한 정든 친구를 떠나보
내는 마음이라 아쉽다고 하시던 할아버지의 눈가에 눈물이 반짝인 것 같기도 했다. 하지
만 새로 지어질 멋진 집이 기대되어 무척 행복하다고 하셨다.

① 초가삼간

② 초근목피

③ 삼고초려

④ 결초보은

5 밑줄 친 부분과 바꾸어 쓸 수 있는 말을 골라 보세요.　　　　　　（　　　　）

전쟁이 계속되자 사람들은 **맛이나 영양 가치가 없는 거친 음식으로** 겨우 버텼다.

① 초가삼간으로

② 초근목피로

③ 결초보은하며

④ 삼고초려하여

은혜 갚은 여우

옛날 어느 마을에 마음씨 착한 나무꾼이 살았습니다. 어느 날, 나무꾼은 구덩이에 빠진 여우를 발견했습니다. 여우는 자신을 살려 주면 ㉠**죽은 뒤에라도 은혜를 잊지 않고 갚겠다는 마음**으로 꼭 보답하겠다고 했습니다. 나무꾼은 여우를 구덩이에서 꺼내 주었습니다.

며칠 뒤, 나무꾼은 구덩이에 빠진 호랑이를 발견했습니다. 호랑이는 나무꾼에게 살려 주면 은혜를 잊지 않겠다고 했습니다. 나무꾼이 호랑이를 구덩이에서 꺼내 주자 호랑이는 갑자기 태도를 바꿔 나무꾼을 잡아먹으려고 했습니다. 그때, 여우가 나타났습니다. 여우는 무슨 상황인지를 물었습니다. 호랑이가 말했습니다.

"내가 일주일 전에 구덩이에 빠졌지 뭐냐. 구덩이에 빠져 있는 동안 먹은 것이라곤 ㉡**초근목피**뿐이라 배가 몹시 고팠지. 그런데 나무꾼이 지나가길래, 살려 달라고 애원했더니 날 꺼내 주더군! 이건 제 발로 내 먹이가 되겠다고 하는 꼴 아니더냐?"

여우는 구덩이를 보며 호랑이에게 물었습니다.

"이 구덩이에 호랑이님처럼 커다란 동물이 빠졌다고요? 믿을 수가 없군요."

호랑이는 구덩이로 들어가서 이렇게 일주일이나 구덩이 안에 있었다고 외쳤습니다. 여우는 호랑이가 구덩이 밖으로 나오지 못하는 것을 보고 말했습니다.

"제 꾀에 속아 넘어간 호랑이는 이제 구덩이에서 나오지 못하지요. 나무꾼님은 안심하고 돌아가셔요."

은혜를 잊지 않고 갚은 여우 덕분에 나무꾼은 무사히 집으로 돌아갔습니다.

6 나무꾼이 발견한 여우는 어떤 상황에 있었는지 알맞은 것을 골라 보세요. (　　　　)

① 나무 위에 매달려 있었습니다.　　② 구덩이에 빠져 있었습니다.

③ 덫에 걸려 있었습니다.　　④ 호랑이에게 잡혀 있었습니다.

7 ㉠과 바꾸어 쓸 수 있는 말을 골라 보세요. (　　　　)

① 삼고초려의 마음　　② 결초보은의 마음

③ 초가삼간에서 사는 마음　　④ 산전수전을 겪는 마음

8 일이 일어난 순서대로 번호를 써 보세요. (　　→　　→　　→　　)

① 나무꾼이 구덩이에 빠진 호랑이를 꺼내 주었습니다.

② 호랑이가 다시 구덩이에 들어갔습니다.

③ 나무꾼이 구덩이에 빠진 여우를 꺼내 주었습니다.

④ 호랑이가 나무꾼을 잡아먹으려고 했습니다.

9 다음 문장을 읽고 빈칸에 들어갈 알맞은 말을 글에서 찾아 써 보세요. (　　　　)

여우의 [　　　] 에 속아 넘어 간 호랑이는 스스로 구덩이로 들어갔습니다.

10 ㉡의 뜻으로 알맞은 것을 골라 보세요. (　　　　)

① 맛이나 영양 가치가 없는 거친 음식

② 아주 작은 집

③ 죽은 뒤에라도 은혜를 잊지 않고 갚음

④ 뛰어난 인물을 맞아들이기 위해 참을성 있게 노력함

'물', '액체'라는 의미의 한자로 [물 수]라고 읽어요.

사자성어

행 운 유 水

다닐　구름　흐를　물

: 일정한 형태가 없이 늘 변함.

고사성어

아 전 인 水

나　밭　끌　물

: 자기에만 이롭게 되도록 생각하거나 행동함.

---

1 다음 빈칸에 알맞은 말을 써서 성어를 완성하고 알맞은 말에 ○ 하세요.

(1) 겉뜻

다니는　구름　과　흐르는　물

성어

속뜻　일정한 형태가 (늘 정해짐 / 없이 늘 변함).

(2) 겉뜻

나　의　밭　에만　끌어　놓는　물

성어

속뜻　(자기에만 이롭게 되도록 / 다른 사람에게도 이롭도록) 생각하거나 행동함.

고사성어

청 산 유 水
푸를　메　흐를　물

: 막힘없이 잘하는 말.

고사성어

명 경 지 *水
밝을　거울　그칠　물

: 거짓으로 꾸밈이 없고 욕심이 없는 맑고
깨끗한 마음.

＊그칠 지: '머무르다'라는 뜻이 있는 한자.

(3) 겉뜻　| 푸른 | 산 | 속을 | 흐르는 | 물 |

성어　[　] [　] [　]

속뜻　막힘없이 잘하는 (말 / 행동).

(4) 겉뜻　| 밝은 | 거울 | 과 | 머무른 | 상태의 | 물 |

성어　[　] [　] [지]

속뜻　거짓으로 꾸밈이 없고 욕심이 없는 (맑고 깨끗한 / 더럽고 지저분한) 마음.

[2~3] 다음 글을 읽고 질문에 답하세요.

논은 벼농사를 짓기 위해 물을 막아 가둬 놓은 땅입니다. 벼의 싹을 논으로 옮겨 심는 모내기를 하는 봄이 되면 논에 물이 많이 필요합니다. 그래서 물길을 논으로 대어 놓기도 합니다. 모든 논에 공평하게 물길을 두어야 하는데 만약 ㉠**자기 논에만 물을 끌어 놓는 사람**이 있다면 어떻게 보일까요? 무척 이기적인 사람으로 보일 것입니다.

이처럼 '   ㉡   ' 사람을 표현할 때 이 고사성어를 사용합니다.

2 ㉠의 내용과 어울리는 글자에 ◯ 하세요.

맺을   구름   거울   나   싸울   밭   끌   물

결   운   경   아   전   전   인   수

3 ㉡에 들어갈 알맞은 말을 골라 보세요.   (   )

① 일정한 형태가 없이 늘 변하는

② 자기에만 이롭게 되도록 생각하거나 행동하는

③ 말을 막힘없이 잘하는

④ 거짓으로 꾸밈이 없고 욕심이 없는 맑고 깨끗한 마음인

4 빈칸에 들어갈 알맞은 말을 보기 에서 찾아 쓰고 알맞은 설명에 ○ 하세요.

> 보기   바람   산   비   물   풀   구름

'행운유수'의 겉뜻은 다니는 ☐☐ 과 흐르는 ☐ 이라는 뜻입니다.

이 성어는 '일정한 형태가 없이 늘 (변함 / 고정됨)'을 뜻합니다.

5 밑줄 친 성어의 뜻으로 알맞은 것을 골라 보세요.   (   )

> 그 사람은 헛된 욕심이 없고 정직해서 **명경지수**의 마음을 가졌다.

① 일정한 형태가 없이 늘 변함.

② 자기에만 이롭게 되도록 생각하거나 행동함.

③ 막힘없이 잘하는 말.

④ 거짓으로 꾸밈이 없고 욕심이 없는 맑고 깨끗한 마음.

올바른 인터넷 사용

민기는 은혁이와 함께 독서 감상문 쓰기 숙제를 하기로 했습니다. 그런데 은혁이는 스마트폰 화면만 들여다보더니 인터넷 게시판에 올라온 책 줄거리와 감상을 베껴 쓰기 시작했습니다.

"은혁아, 지금 뭘 하는 거니? 인터넷에 올라온 내용을 베껴 쓰는 거야?"

"맞아. 인터넷에 검색하면 다 나오는 걸? 이렇게 인터넷을 활용하면 쉽고 빠르게 정보를 찾을 수 있어. 게다가 누구나 볼 수 있는 인터넷 게시판에 올라온 내용이니까 베껴 써도 돼. 그리고 줄거리만 대충 읽어도 무슨 내용인지 알 수 있으니까 책을 읽은 거나 다름없어."

은혁이는 민기의 질문에 막힘없이 　　　⊙　　　. 하지만 민기는 은혁이의 행동이 옳지 않다고 생각했습니다. 독서 감상문은 책을 읽고 나서 새롭게 알게 된 것이나 기억에 남는 장면, 느낌 등을 적은 글이기 때문입니다.

"인터넷을 활용하면 다양한 정보를 쉽고 빠르게 얻을 수 있지만, 그 내용이 모두 옳지는 않아. 독서 감상문은 책을 직접 읽고 느낀점을 쓰는 글이기 때문에 인터넷에서 얻은 정보를 그대로 쓰면 안 돼. 줄거리만 알아도 책을 읽은 거나 다름없다는 건, ⓒ**아전인수** 격으로 해석하는 거야. 인터넷에 올라온 정보는 숙제를 하기 위해 자료를 얻는 정도로 사용하는 게 좋지 않을까?"

민기의 이야기를 들은 은혁이는 잠시 고민하다가 스마트폰을 내려놓았습니다. 그리고는 책을 펼쳤습니다. 책을 다 읽은 은혁이는 이렇게 말했습니다.

"네 말대로 인터넷에 올라온 정보가 모두 맞지는 않구나. 내가 본 줄거리와 책 내용은 전혀 달라. 직접 읽지 않았다면, 다른 책 내용을 쓸 뻔했어."

6 민기는 은혁이와 어떤 숙제를 하기로 했는지 골라 보세요. ( )

① 인터넷 활용 방법 조사　　　　　② 독서 감상문 쓰기

③ 독서 감상문 발표하기　　　　　④ 독서 감상문을 인터넷으로 찾아보기

7 ㉠에 들어갈 성어를 골라 보세요. ( )

① 청산유수로 대답했습니다.　　　② 행운유수처럼 생각했습니다.

③ 명경지수 같은 마음이었습니다.　④ 아전인수처럼 행동했습니다.

8 올바른 인터넷 정보 사용 방법으로 알맞은 것을 골라 보세요. ( )

① 인터넷에 올라온 내용은 모두 올바른 내용이므로 그대로 사용하는 것이 좋습니다.

② 숙제로 인터넷에 올라온 정보를 활용할 때는 자료를 얻는 정도로 씁니다.

③ 인터넷에 올라온 정보에 의존하여 숙제를 해결합니다.

④ 인터넷 게시판에 올라온 내용은 누구나 볼 수 있기 때문에 베껴 써도 문제가 없습니다.

9 다음 문장을 읽고 빈칸에 들어갈 알맞은 말을 글에서 찾아 써 보세요. ( )

[　]은 책을 읽고 나서 새롭게 알게 된 것이나 기억에 남는 장면, 느낌 등을 적은 글입니다.

10 ㉡의 뜻으로 알맞은 것을 골라 보세요. ( )

① 일정한 형태가 없이 늘 변함.

② 막힘없이 잘하는 말.

③ 거짓으로 꾸밈이 없고 욕심이 없는 맑고 깨끗한 마음

④ 자기에만 이롭게 되도록 생각하거나 행동함.

1 【보기】의 성어에 들어가는 공통된 한자를 골라 보세요.　　　　　　　(　　　)

보기	삼고초려	결초보은	초가삼간	초근목피

① 물 水

② 풀 草

③ 메 山

④ 바람 風

2 다음 그림에 어울리는 성어를 【보기】에서 골라 쓰세요.

보기	산천초목	마이동풍	산전수전	청산유수

(1)

(2)

3 다음 겉뜻에 알맞은 성어를 보기 에서 골라 쓰세요.

보기

가을	바람	비단	수놓을	떨어질	강	나뭇잎	메
추	풍	금	수	낙	강	엽	산

(1) 가을 바람에 떨어지는 나뭇잎.

☐ ☐ ☐ ☐

(2) 비단에 수놓은 강과 산.

☐ ☐ ☐ ☐

4 다음 성어의 속뜻으로 알맞은 말에 ◯ 하세요.

(1) **아전인수**

: (자기에만 이롭게 되도록 / 다른 사람에게도 이롭도록) 생각하거나 행동함.

(2) **우공이산**

: 어떤 일이든 끊임없이 (상상하면 / 노력하면) 반드시 이루어짐.

(3) **명경지수**

: 거짓으로 꾸밈이 없고 욕심이 없는 (맑고 깨끗한 / 더럽고 지저분한) 마음.

(4) **풍전등화**

: 사물이 매우 (위태로운 / 여유로운) 처지에 놓여 있음.

5 다음 성어에 알맞은 속뜻을 찾아 선으로 연결하세요.

(1) 삼고초려 ●

(2) 행운유수 ●

(3) 풍전등화 ●

(4) 초근목피 ●

(5) 초가삼간 ●

● ㉠ 사물이 매우 위태로운 처지에 놓여 있음.

● ㉡ 일정한 형태가 없이 늘 변함.

● ㉢ 세 칸밖에 안 되는 초가집이란 뜻으로, 아주 작은 집.

● ㉣ 뛰어난 인물을 맞아들이기 위해 참을성 있게 노력함.

● ㉤ 맛이나 영양 가치가 없는 거친 음식.

6 괄호 안에 들어갈 알맞은 성어에 ○ 해 보세요.

(1) 나는 연재에게 솔직하게 말하라고 했지만 연재는 (마이동풍 / 초가삼간)으로 들었다.

(2) 성희는 자신을 구해 준 사람을 위해 앞으로 (청풍명월 / 결초보은)을 하겠다고 말했다.

(3) 그 장수는 (산전수전 / 산천초목)을 겪은 경험으로 전쟁을 승리로 이끌었다.

(4) 그는 회사에서 갑자기 해고를 당해 (아전인수 / 추풍낙엽) 신세가 되었다.

(5) 아버지께서는 모처럼 긴 휴가 동안 우리나라의 (금수강산 / 우공이산)을 구경하셨다.

7 다음 문장에서 밑줄 친 부분을 바르게 고쳐 써 보세요.

(1) 할아버지께서는 **화풍명월**을 벗 삼아 살 수 있는 시골이 좋다고 하셨다.

→ 　　　　　　

(2) 세희는 거짓말을 **청산명수**처럼 늘어놓았다.

→ 　　　　

(3) 어머니께서는 마음을 갈고 닦아 **명경지초** 같은 마음을 유지하신다.

→ 　　　　　　

(4) 이기적인 그는 모든 일을 **아산인수**로 처리해서 주변 사람들이 싫어한다.

→ 　　　　　　

8 빈 칸에 들어갈 알맞은 성어가 무엇인지 골라 보세요. 　　　　　(　　　　　)

유명한 해외 배구 팀에서 공격수로 뛰어난 성적을 거두고 있는 배구 선수인 강○○ 씨가 국내 팀에서 활동하겠다고 하여 화제다. 팀 감독은 강○○ 선수처럼 뛰어난 인물을 맞아들이기 위해 꾸준히 연락을 했다고 밝혔다. 강○○ 선수 역시 감독의 　　　　　　에 감동하여 해외 팀이 아닌 국내 팀을 선택했다고 말했다.

① 결초보은　　　　　　　　　② 행운유수

③ 풍전등화　　　　　　　　　④ 삼고초려

水
물 수

물 수(水)는 '물'이나 '강물', '액체'라는 뜻을 가진 글자예요. 주로 액체와 관련된 단어에 쓰여요. 水가 들어가는 단어를 알아볼까요?

물	헤엄칠
水	영

물속을 헤엄침.

- 예 승희는 깊은 물을 무서워해서 **수영**을 못한다.
- 예 **수영**은 체력을 기르는 데 아주 좋은 운동이다.

물	힘
水	력

물이 흐르거나 떨어질 때 발생하는 힘.

- 예 한국은 강이 많고 물이 풍부해 **수력**을 통해 전기를 얻기 좋은 곳이다.
- 예 불어난 강물이 거센 **수력**으로 다리를 파괴했다.

향기	물
향	水

몸이나 옷 등에 뿌리는, 향기가 나는 액체.

- 예 연진이는 은은한 꽃향기가 나는 **향수**를 뿌린다.
- 예 이 **향수**는 마치 깊은 숲속을 거닐고 있는 것처럼 풀 냄새가 나는구나.

4단원

✅ **미리보기** 아래 단어를 보고 배울 성어의 뜻을 자유롭게 상상해 보세요.

苦
쓸 **고**

苦진감래
감탄苦토
동苦동락
천신만苦

無
없을 **무**

전無후無
속수無책
백해無익
유비無환

不
아닐 **불**

不로不사
두문不출
등하不명
과유不급

難
어려울 **난**

難형難제
다사다難
진퇴양難
難공불락

'쓰다', '괴롭다', 등의 의미의 한자로 [쓸 **고**]라고 읽어요.

고사성어

苦 진 감 래
쓸　다할　달　올

: 힘든 일이 끝난 후에 즐거운 일이 생김.

사자성어

감 탄 苦 토
달　삼킬　쓸　토할

: 자신의 비위*에 따라서 옳고 그름을 판단함.

*비위: 어떤 것을 좋아하거나 싫어하는 기분.

1 다음 빈칸에 알맞은 말을 써서 성어를 완성하고 알맞은 말에 ○ 하세요.

(1)
겉뜻	쓴 것이	다하면	단 것이	온다
성어				

속뜻 (즐거운 / 힘든) 일이 끝난 후에 (즐거운 / 힘든) 일이 생김.

(2)
겉뜻	달면	삼키고	쓰면	토한다
성어				

속뜻 (자신의 비위 / 논리적인 주장)에 따라서 옳고 그름을 판단함.

고사성어

동 苦 동 락
한가지　　쓸　　한가지　　즐거울

: 괴로움도 즐거움도 함께함.

고사성어

천 신 만 苦
일천　　매울　　일만　　쓸

: 온갖 어려운 고비를 다 겪으며 심하게
고생함.

(3) 겉뜻 [한가지] 로 같은 [괴로움] 과 [한가지] 로 같은 [즐거움]

성어

속뜻 괴로움도 즐거움도 (따로 함 / **함께함**).

(4) 겉뜻 [천] 가지 [매운] 것과 [만] 가지 [쓴] 것

성어

속뜻 온갖 (**어려운** / 쉬운) 고비를 다 겪으며 (**심하게 고생함** / 쉽게 진행함).

[2~3] 다음 글을 읽고 질문에 답하세요.

옛날 중국의 원나라에 도종의라는 소년이 살았습니다. 도종의는 매우 똑똑하고 성실했지만, 집안이 가난하여 글공부 대신 일을 해야 했습니다. 하지만 도종의는 좌절하지 않고 숯을 붓 삼아, 나뭇잎을 종이 삼아서 글을 연습하며 익혔습니다. 도종의는 ㉠**쓴 것이 다하면 단 것이 온다**는 것처럼, 지금의 고생이 끝나면 즐거움이 올 것이라는 생각을 하며 열심히 노력했습니다. 그 결과 도종의는 유명한 학자가 되었습니다.

이처럼 '⎯⎯⎯ ㉡ ⎯⎯⎯' 상황을 표현할 때 이 고사성어를 사용합니다.

2 ㉠의 내용과 어울리는 글자에 ◯ 하세요.

높을	삼킬	쓸	다할	매울	달	윗	올
고	탄	고	진	신	감	상	래

3 ㉡에 들어갈 알맞은 말을 골라 보세요. ( )

① 온갖 어려운 고비를 다 겪으며 심하게 고생하는

② 괴로움도 즐거움도 함께하는

③ 자신의 비위에 따라서 옳고 그름을 판단하는

④ 힘든 일이 끝난 후에 즐거운 일이 생긴다는

4 빈칸에 들어갈 알맞은 말을 **보기** 에서 찾아 쓰고 알맞은 설명에 ◯ 하세요.

> **보기**   토한다   씹는다   삼키고   뱉으며

'감탄고토'의 겉뜻은 달면 〔　〕〔　〕〔　〕, 쓰면 〔　〕〔　〕〔　〕는 뜻입니다.

이 성어는 '(자신 / 남)의 비위에 따라서 옳고 그름을 판단함'을 뜻합니다.

5 밑줄 친 부분과 뜻이 비슷한 성어를 골라 보세요.　　　　　　　　（　　　　）

> 그동안 **괴로움도 즐거움도 함께한** 선수들은 팀 해체 소식에 실망감을 감추지 못했다.

① 동고동락

② 감탄고토

③ 고진감래

④ 천신만고

우리 아버지를 자랑합니다.

　안녕하세요. 저는 자랑스러운 우리 가족 발표를 하게 된 김성균이라고 합니다. 저는 소방관인 아버지를 자랑하고 싶습니다.

　아버지께서는 습도*가 낮은 날이 계속 이어지면 산불이 많이 일어나서 자주 출동하십니다. 바람이 많이 부는 날에는 불이 잘 번지기 때문에 불을 끄기가 어려워서 고생을 많이 하십니다. 비가 내리거나 안개가 끼는 날에는 교통사고가 자주 발생하여 사람을 구하기 위해서 출동하는 일이 많습니다. 눈이 많이 내리는 날에는 도로가 막혀 사고 장소에 빠르게 도착하기가 어렵기도 합니다. 이처럼 소방관은 날씨에 영향을 많이 받습니다. 하지만 아버지께서는 궂은 날씨에도 불구하고 ㉠<u>천신만고</u> 끝에 불을 끄고 사람들의 생명을 구할 때, 큰 보람을 느낀다고 하셨습니다.

　얼마 전 우리 지역에 큰 산불이 났을 때, 아버지께서는 산불을 끄느라 며칠 동안 집에 오지 못하셨습니다. 바람이 많이 부는 날씨였기 때문에 산불이 점점 번져서 사람들이 사는 주택가를 위협했습니다. 다른 지역의 소방서에서 소방차를 보낼 정도로 큰 불이었습니다. 또 눈이 많이 내리던 날에는 불이 난 집으로 출동하다가 길이 막혀 사고 장소에 빠르게 도착하기 어려웠던 적도 있다고 하셨습니다. 아버지께서는 소방차와 연결된 호스를 들고 눈길을 뛰어 불난 집에 도착해 겨우 불을 끌 수 있었습니다. 그리고 이런 어려운 상황일수록 함께 　　㉡　　 해 온 동료 소방관들을 믿고 불을 끄기 위해 최선을 다한다고 하셨습니다. 저도 아버지처럼 멋진 소방관이 되고 싶습니다.

*습도: 공기 중에 수증기가 포함되어 있는 정도.

6 성균이네 아버지의 직업은 무엇인지 골라 보세요. (　　　)

① 선생님 ② 소방관 ③ 경찰관 ④ 의사

7 ㉠의 뜻으로 알맞은 것을 골라 보세요. (　　　)

① 괴로움도 즐거움도 함께 함.

② 온갖 어려운 고비를 다 겪으며 심하게 고생함.

③ 자신의 비위에 따라서 옳고 그름을 판단함.

④ 힘든 일이 끝난 후에 즐거운 일이 생김.

8 이 글을 읽고 소방관에 대한 설명으로 맞으면 ◯, 틀리면 ✕ 하세요.

(1) 안개가 끼는 날에는 교통사고 때문에 출동하는 일이 많습니다. ……… (　　　)

(2) 습도가 낮은 날이 이어지면 산불이 많이 일어나서 자주 출동합니다. …… (　　　)

(3) 눈이 많이 내리는 날에는 사고 장소에 빠르게 도착하기 쉽습니다. …… (　　　)

(4) 산불을 끄느라고 며칠 동안 집에 오지 못하기도 합니다. ……………… (　　　)

9 다음 문장을 읽고 빈칸에 들어갈 알맞은 말을 글에서 찾아 써 보세요. (　　　)

소방관은 [　　] 에 영향을 많이 받는 직업입니다.

10 ㉡에 들어갈 알맞은 성어를 쓰세요.

'없다'라는 의미의 한자로 [없을 **무**]라고 읽어요.

사자성어

전 無 후 無
앞 없을 뒤 없을

: 전에도 없었고 앞으로도 없음.

고사성어

속 수 無 책
묶을 손 없을 꾀

: 어찌할 방법이 없어 꼼짝 못 함.

---

1 다음 빈칸에 알맞은 말을 써서 성어를 완성하고 알맞은 말에 ○ 하세요.

(1) 겉뜻 | 앞 | 에도 | 없었고 | 뒤 | 에도 | 없다 |

성어 □ □ □ □

속뜻 전에도 (있었고 / 없었고) 앞으로도 없음.

(2) 겉뜻 | 묶인 | 손 | 때문에 꼼짝할 수 | 없어서 | 꾀 | 를 낼 수가 없다

성어 □ □ □ □

속뜻 어찌할 방법이 (많아서 / 없어서) 꼼짝 못 함.

고사성어

백 해 無 익
일백　해로울　없을　더할

: 나쁘기만 하고 도움되는 것이 전혀 없음.

고사성어

유 비 無 환
있을　갖출　없을　근심[*]

: 미리 준비를 해 놓으면 걱정할 것이 없음.

[*]**근심**: 좋지 않은 일이 생길지도 모른다는 두렵고
불안한 마음.

(3)　겉뜻
성어

　　| 백 | 가지 | 해로움 | 만 있으며, 전혀 | 없다 | 이익 | 이

　　속뜻　(나쁘기만 하고 / 좋기만 하고) 도움되는 것이 (전혀 없음 / 아주 많음).

(4)　겉뜻
성어

　　준비가 되어 | 있으며 | 방법을 | 갖추면 |, | 없다 | 근심 | 이

　　속뜻　(미리 준비를 해 놓으면 / 준비 없이 생각만 하면) 걱정할 것이 없음.

[2~3] 다음 글을 읽고 질문에 답하세요.

옛날 중국 진나라를 다스리던 도공이라는 사람에게는 사마위강이라는 신하가 있었습니다. 도공은 사마위강에게 진나라 군대의 지휘를 맡겼습니다. 사마위강은 이웃 나라와 연합하여 다른 나라를 물리치고, 나라와 나라 사이에 다툼 없이 가깝게 지내자는 화친을 맺는 공을 세웠습니다. 이에 도공이 큰 상을 내리겠다고 하자 사마위강은 거절하며 이렇게 말했습니다.

"지금처럼 편안할 때 위기를 생각해야 합니다. ㉠**위기에 대한 준비가 있으며 방법을 갖추면, 근심이 없게 됩니다.**"

도공은 사마위강의 말을 듣고 명심하여 전쟁을 대비하며 나라를 다스리기 위해 노력했습니다. 이처럼 이 고사성어는 '   ㉡   '을 표현할 때 사용합니다.

2 ㉠의 내용과 어울리는 글자 4개에 ◯ 하세요.

해로울	있을	묶을	갖출	없을	근심	더할	꾀
해	유	속	비	무	환	익	책

3 ㉡에 들어갈 알맞은 말을 골라 보세요.   (   )

① 나쁘기만 하고 도움되는 것이 전혀 없음

② 미리 준비를 해 놓으면 걱정할 것이 없음

③ 어찌할 방법이 없어 꼼짝 못 함

④ 전에도 없었고 앞으로도 없음

4 다음 대화를 읽고 빈칸에 들어갈 알맞은 성어를 골라 보세요.　　　(　　　　　)

어제 피겨스케이팅 경기 봤니?
금메달을 딴 그 선수는 모든 경기에서 메달을
딴 [＿＿＿＿＿＿＿]한 기록을 세웠대.

맞아. 정말 완벽하고 아름다운 기술을 보여 준 경기였어.

① 전무후무

② 유비무환

③ 백해무익

④ 속수무책

5 밑줄 친 부분과 바꾸어 쓸 수 있는 말을 골라 보세요.　　　(　　　　　)

아무리 좋은 약도 알맞게 먹지 않으면 **나쁘기만 하고 도움되는 것이 전혀 없다.**

① 전무후무할 것이다

② 속수무책인 상황일 것이다

③ 백해무익일 뿐이다

④ 유비무환의 자세다

투명방음벽에 스티커를 붙여 주세요

우리 지역 고속도로 주변에는 시끄러운 차 소리를 막기 위해 투명방음벽*이 설치되어 있습니다. 투명방음벽은 일반 방음벽과 달리 투명한 유리 부분으로 햇빛이 잘 들어와서 겨울철에 도로가 얼어붙는 현상을 줄일 수 있는 장점이 있습니다. 또한 일반 방음벽과 달리 시야*를 가리지 않아 안전 운전에 도움이 됩니다. 그런데 이런 투명방음벽 때문에 새들이 죽고 있습니다.

새의 눈은 대부분 정면이 아니라 옆쪽을 바라보는 형태로 되어있습니다. 그래서 새들은 날아다닐 때, 앞에 있는 장애물과 자신의 거리를 파악하는 능력이 떨어집니다. 따라서 새들에게 투명한 유리는 텅 비어있는 공간처럼 보입니다. 이 때문에 날아가던 새가 투명방음벽을 만나면   ㉠   으로 머리를 부딪히게 됩니다. 투명방음벽과 충돌한 새는 머리에 치명적인 상처를 입고 죽게 됩니다. 이렇게 우리 지역에 투명방음벽이 설치되며 새가 충돌하는 사고가 ㉡**전무후무**한 규모로 늘어나고 있습니다. 참새, 직박구리, 물까치뿐만이 아니라 멸종위기종인 새매, 참매, 수리부엉이도 투명방음벽에 부딪혀 죽고 있습니다.

하지만 이런 투명방음벽과 새의 충돌 사고를 간단히 방지할 수 있습니다. 투명방음벽이 새의 눈에 띄도록 촘촘한 무늬의 스티커를 붙이는 것입니다. ○○시 고속도로 주변의 투명방음벽에 스티커를 붙인 뒤로 새들이 충돌하지 않았다는 사례*가 있습니다. 우리 지역의 투명방음벽에도 스티커를 붙여 새들을 보호해야 합니다.

*방음벽: 한쪽의 소리가 다른 쪽으로 새어 나가거나 새어 들어오는 것을 막기 위하여 설치한 벽.
*시야: 눈으로 볼 수 있는 범위.
*사례: 어떤 일이 전에 실제로 일어난 예.

6 글쓴이는 왜 투명방음벽에 스티커를 붙여야 한다고 했나요? ( )

① 안전 운전에 도움이 되어서

② 새의 종류를 알리기 위해

③ 새들을 보호하기 위해

④ 도로가 얼어붙는 현상을 줄일 수 있어서

7 ⊙에 들어갈 알맞은 성어를 골라 보세요. ( )

① 전무후무　　　② 속수무책　　　③ 백해무익　　　④ 유비무환

8 이 글을 읽고 <u>틀리게</u> 말한 친구를 모두 골라 보세요. **2개** ( )

① **희윤**: 멸종위기종인 새들이 투명방음벽에 부딪혀 죽고 있어.

② **성민**: 투명방음벽은 장점이 하나도 없으니 모두 철거해야 해.

③ **윤슬**: 새들은 항상 앞에 있는 장애물과 자신의 거리를 파악하는 능력이 뛰어나.

④ **준호**: 새들에게 투명한 유리는 텅 비어있는 공간처럼 보여.

9 다음 문장을 읽고 빈칸에 들어갈 알맞은 말을 글에서 찾아 써 보세요. ( )

투명방음벽에 　　　 를 붙이면 투명방음벽과 새의 충돌사고를 방지할 수 있습니다.

10 ⓒ의 뜻으로 알맞은 것을 골라 보세요. ( )

① 어찌할 방법이 없어 꼼짝 못 함.

② 미리 준비를 해 놓으면 걱정할 것이 없음.

③ 나쁘기만 하고 도움되는 것이 전혀 없음.

④ 전에도 없었고 앞으로도 없음.

'아니다'라는 의미의 한자로 [아닐 **불**]이라고 읽어요.

고사성어

不 로 不 사

아닐   늙을   아닐   죽을

: 늙지도 않고 죽지도 않음.

고사성어

두 문 不 출

막을   문   아닐   날

: 집 안에만 있고 밖에 나가지 않는 것.

---

1 다음 빈칸에 알맞은 말을 써서 성어를 완성하고 알맞은 말에 ○ 하세요.

(1) 겉뜻　│ 아니다 │ 늙지도 │, │ 아니다 │ 죽지도 │

　　성어　│　　　 │　　　 │ │　　　 │　　　 │

　　속뜻　(늙지도 / 젊지도) 않고 죽지도 않음.

(2) 겉뜻　│ 막다 │ 문 │ 을, 그리고 │ 안 │ 나간다 │

　　성어　│　　 │　 │ │　 │　　 │

　　속뜻　(집 안 / 집 밖)에만 있고 밖에 나가지 않는 것.

사자성어

등 하 부 명

등잔   아래   아닐   밝을

: 가까이 있는 물건이나 사람을 잘 찾지 못함.

고사성어

과 유 부 급*

지날   오히려   아닐   미칠

: 무엇이든 지나친 것은 좋지 않다는 뜻으로
어느 쪽으로도 치우치지 않는 상태나 정도.

＊**미칠 급**: '영향을 끼치게 하다' 라는 뜻이 있는 한자.

(3) 겉뜻
| 등잔 | 아래 | 가 | 아니 | 밝다 |

성어

속뜻 (가까이 있는 / 멀리 있는) 물건이나 사람을 잘 (찾음 / 찾지 못함).

(4) 겉뜻 정도를 | 지나친 | 것은, | 오히려 | 좋지 | 않게 | 영향을 | 끼친다 |

성어   불

속뜻 무엇이든 지나친 것은 좋지 않다는 뜻으로 어느 쪽으로도 (치우치지 않는 / 기울어
진) 상태나 정도.

　　옛날 중국의 학자 공자에게는 자장과 자하라는 제자가 있었습니다. 어느 날, 공자는 자장과 자하 두 제자 중 누가 더 현명한지에 대한 질문을 받았습니다. 공자는 이렇게 말했습니다.

　　"자장은 자신의 이름이 드높아지기만을 바라니 그 정도가 지나치고, 자하는 지식을 얻는 데에만 힘쓰기 때문에 현명함에 이르지 못하는구나."

　　대답을 들은 사람은 그렇다면 자장이 자하보다 현명한 것인지 다시 물었습니다. 그러자 공자는 ㉠"**정도를 지나친 것은, 오히려 좋지 않게 영향을 끼치는 법이다.**"라고 대답했습니다. 바로 자장과 자하 두 사람이 현명함과 거리가 멀다는 뜻이었습니다. 이처럼 '　　㉡　　' 표현을 나타낼 때 이 고사성어를 사용합니다.

2　㉠의 내용과 어울리는 글자에 ◯ 하세요.

늘을	지날	있을	오히려	아닐	밝을	날	미칠
로	과	유	유	불	명	출	급

3　㉡에 들어갈 알맞은 말을 골라 보세요.　　　　　　　　(　　　　)

① 늙지도 않고 죽지도 않는다는

② 집 안에만 있고 밖에 나가지 않는 것이라는

③ 무엇이든 지나친 것은 좋지 않다는 뜻으로 어느 쪽으로도 치우치지 않는 상태나 정도라는

④ 가까이 있는 물건이나 사람을 잘 찾지 못한다는

4 빈칸에 들어갈 알맞은 말을 **보기**에서 찾아 쓰고 알맞은 설명에 ○ 하세요.

> **보기**   뒤에   위에   옆에   아래

'등하불명'의 겉뜻은 등잔 [ ] [ ] 가 아니 밝다라는 뜻입니다.

이 성어는 '(멀리 / 가까이) 있는 물건이나 사람을 잘 (찾음 / 찾지 못함)'을 뜻합니다.

5 밑줄 친 성어의 뜻으로 알맞은 것을 골라 보세요.   (   )

> 왕은 **불로불사**의 영약*을 찾기 위해 기사들을 불러 모았다.
>
> * 영약: 신기하고 기묘한 작용을 하는 신령스러운 약.

① 늙지도 않고 죽지도 않음.

② 집 안에만 있고 밖에 나가지 않음.

③ 무엇이든 지나친 것은 좋지 않다는 뜻으로 어느 쪽으로도 치우치지 않는 상태나 정도.

④ 가까이 있는 물건이나 사람을 잘 찾지 못함.

고령화 현상

우리나라는 전체 인구 가운데 65세 이상 노인 인구의 비율이 높아지는 고령화 현상이 심해지고 있습니다. 이러한 고령화 현상으로 우리 사회의 여러 분야에는 다양한 변화가 나타나고 있습니다.

경제 부분에서는 일자리를 찾는 노인들이 늘어나고 있습니다. ○○시는 공공시설 관리 지킴이로 노인들을 채용했습니다. 노인들은 주차장, 공원, 체육시설, 도로, 하천 등 도심 곳곳의 시설물을 관리하는 일을 합니다. 집에서 ⬚ㅤ⑦ㅤ하던 노인들이 활발히 활동하게 되는 긍정적인 효과는 물론, 시설물 관리를 통해 도심이 깨끗하게 유지되는 효과도 볼 수 있습니다.

복지 부분에서는 노인을 위한 다양한 제도가 늘어나고 있습니다. 일상생활을 혼자서 보내기 어려운 노인에게 신체 및 가사 활동을 돕는 전문가를 보내는 서비스 등의 복지 제도가 늘어나고 있으며, 노인 질병을 전문적으로 돌보는 의료 시설도 많아지고 있습니다. 또한 노인의 건강한 삶을 위해서 노인 운동을 전문으로 지도하는 전문가도 늘어나고 있습니다. 전문가들은 ⓒ**과유불급**이라고 아무리 좋은 운동도 관절이 약하거나 근육량이 적은 노인에게는 해가 될 수 있기 때문에 전문가의 지도를 받아 운동해야 한다고 강조합니다.

고령화 현상은 앞으로 더욱 심해질 것으로 예상되며, 이에 따라 더욱 다양한 변화가 나타날 것입니다. 따라서 우리 사회는 고령화 현상에 맞는 다양한 제도와 복지를 갖추어야 합니다.

6 고령화 현상은 어떤 인구의 비율이 높아지는 현상인지 골라 보세요. （　　　）

① 아이 　　　② 학생 　　　③ 청년 　　　④ 노인

7 ㉠에 들어갈 성어로 알맞은 것을 골라 보세요. （　　　）

① 불로불사 　　　② 두문불출 　　　③ 등하불명 　　　④ 과유불급

8 고령화 현상으로 인해 나타난 변화가 맞으면 〇, 틀리면 ✕ 하세요.

(1) 일자리를 찾는 노인들이 늘어나고 있습니다. ……………………… （　　　）

(2) 노인 운동을 전문으로 지도하는 전문가가 늘어나고 있습니다. ………… （　　　）

(3) 노인 질병을 전문적으로 돌보는 의료 시설이 많아지고 있습니다. ……… （　　　）

(4) 고령화 현상은 앞으로 점점 줄어들 것입니다. ………………………… （　　　）

9 다음 문장을 읽고 빈칸에 들어갈 알맞은 말을 글에서 찾아 써 보세요. （　　　）

우리 사회는 앞으로 고령화 현상에 맞는 다양한 제도와 ☐ 를 갖추어야 합니다.

10 ㉡의 뜻으로 알맞은 것을 골라 보세요. （　　　）

① 늙지도 않고 죽지도 않음.

② 가까이 있는 물건이나 사람을 잘 찾지 못함.

③ 무엇이든 지나친 것은 좋지 않다는 뜻으로 어느 쪽으로도 치우치지 않는 상태나 정도.

④ 집 안에만 있고 밖에 나가지 않는 것.

'어렵다', '근심'이라는 의미의 한자로 [어려울 **난**]이라고 읽어요.

고사성어

難 형 難 제

어려울　형　어려울　아우

: 두 사물이 비슷해서 무엇이 더 낫다고 말할
　수 없음.

고사성어

다 사 다 難

많을　일　많을　어려울

: 여러 가지 일도 많고 어려움도 많음.

---

1 다음 빈칸에 알맞은 말을 써서 성어를 완성하고 알맞은 말에 ○ 하세요.

(1) 겉뜻 | 어렵다 | 형 | 이라 하기도, | 어렵다 | 아우 | 라 하기도

성어 | ☐ | ☐ | ☐ | ☐

속뜻 　두 사물이 (비슷해서 / 달라서) 무엇이 더 낫다고 말할 수 없음.

(2) 겉뜻 | 많은 | 일 | 과 | 많은 | 어려움

성어 | ☐ | ☐ | ☐

속뜻 　여러 가지 일도 많고 (어려움은 적음 / 어려움도 많음).

고사성어

진 퇴 양 *難
나아갈　물러날　두　어려울

: 이러지도 저러지도 못하는 어려운 처지.

고사성어

*難 공 *불 락*
어려울　칠　아닐　떨어질

: 공격하기 어려워 쉽게 무너지거나 빼앗기지
않음.

*두 양: '두 쪽', '양 쪽'이라는 뜻이 있는 한자.

*칠 공: '공격하다'라는 뜻이 있는 한자.
*떨어질 락: '무너지다'라는 뜻이 있는 한자.

(3) 겉뜻 [나아가거나] [물러나기에] [두 쪽] 모두 [어렵다]

성어 [　] [　] [　] [　]

속뜻　이러지도 저러지도 못하는 (쉬운 / 어려운) 처지.

(4) 겉뜻 [어렵다] [공격하기가] , 그래서 [아니] [무너진다]

성어 [　] [　] [　] [　]

속뜻　공격하기 (쉬워 / 어려워) 쉽게 무너지거나 빼앗기지 않음.

다음 글을 읽고 질문에 답하세요.

옛날 중국 한나라에 진식이란 덕망* 높은 노인이 살았습니다. 진식에게는 진기와 진심이라는 두 명의 아들이 있었습니다. 두 아들도 덕이 높고 성품이 훌륭하여 다른 사람들에게 모범이 되는 사람이었습니다. 진기의 아들 진군과 진심의 아들 진충은 서로 사촌지간이지만 친형제처럼 우애가 두터웠습니다. 어느 날, 진군과 진충은 할아버지 진식을 찾아가 물었습니다.

"할아버지, 두 아버지 중에 누가 더 훌륭한 사람인가요?"

"너희들의 아버지는 형제가 분명하지만, 훌륭함에 대해서는 ㉠**형을 형이라 하기도 어렵고 아우를 아우라 하기도 어렵구나.**"

이처럼 이 고사성어는 '[　　㉡　　]'을 설명할 때 사용합니다.

* 덕망: 도덕적, 윤리적으로 인격이 훌륭하여 많은 사람으로부터 얻은 칭찬과 명예.

2 ㉠의 내용과 어울리는 글자에 ○ 하세요.

어려울	아닐	주머니	형	어려울	아우	많을	떨어질
난	불	낭	형	난	제	다	낙

3 ㉡에 들어갈 알맞은 말을 골라 보세요. (　　　　)

① 이러지도 못하고 저러지도 못하는 어려운 처지임

② 공격하기 어려워 쉽게 무너지거나 빼앗기지 않음

③ 두 사물이 비슷해서 무엇이 더 낫다고 말할 수 없음

④ 여러 가지 일도 많고 어려움도 많음

4 다음 중 성어 '다사다난'을 바르게 사용한 친구를 골라 보세요. ( )

> 지효: **다사다난**했던 한 해를 돌아보면서 새해 계획을 세울 거야.
>
> 성희: 이번 경기는 누가 더 뛰어난 팀인지 가리기 힘든 **다사다난**의 경기였어.
>
> 유리: 폭설 때문에 도로가 마비되어 운전자들이 **다사다난**에 처했대.
>
> 상혁: 그 성은 높은 산꼭대기에 있어 **다사다난**의 성으로 어떤 적의 침입도 막아냈어.

① 지효　　　　② 성희　　　　③ 유리　　　　④ 상혁

5 밑줄 친 부분과 바꾸어 쓸 수 있는 말을 골라 보세요. ( )

> 그 인터넷 사이트는 **공격하기 어려워 쉽게 무너지지 않는** 방화벽을 갖추고 있다.

① 진퇴양난의

② 난공불락의

③ 다사다난의

④ 난형난제의

임진왜란

임진왜란은 1592년에서 1598년까지 7년 동안 두 차례에 걸쳐 일본이 조선을 침입*한 전쟁입니다. 하지만 훌륭한 장군과 백성들의 노력으로 일본의 침입으로부터 조선을 지켜냈습니다.

이순신 장군은 조선 수군을 이끌고 남해를 지켜냈습니다. 이순신 장군은 '한산도'에서 학이 날개를 펼친 모양으로 배를 배치한 '학익진' 전술과, 거북선을 활용해 일본 수군을 ㉠**진퇴양난**에 빠지게 했습니다(한산도 대첩). '명량'에서는 단 13척의 배로 일본군의 배 133척을 상대해 승리를 거두었으며(명량 대첩), '노량'에서는 후퇴하려는 일본군의 배 540여 척을 상대해 승리했습니다(노량 해전). 이렇게 이순신 장군이 이끄는 조선 수군은 남해를 지켜내어 일본 수군이 육지로 식량과 무기를 전달하기 어렵게 만들었습니다.

육지에서는 전국 각지에서 의병이 일어나 전쟁에 참여했습니다. 나라에 소속된 군인인 관군과 달리 의병은 적의 침입을 물리치기 위해 백성들이 스스로 만든 군대입니다. 의병들은 일본군의 이동 속도를 늦추고 식량이나 무기 등을 전달하기 어렵게 만들기도 했습니다. 권율 장군이 이끄는 관군과 의병, 스님들로 이루어진 승병은 일본군으로부터 행주산성을 ⓛ   의 성으로 지켜내는 데 성공했습니다(행주대첩). 또한 곽재우는 의병을 모아 전쟁에 나섰습니다. 곽재우는 전쟁에 나설 때마다 붉은 옷을 입어 '홍의 장군'이라고 불리며 일본군을 무찌르는 데 앞장섰습니다.

*침입: 남의 땅이나 나라, 권리, 재산 등을 범하여 들어가거나 들어옴.

6 임진왜란은 언제 일어난 전쟁인지 골라 보세요.   (   )

① 1591년   ② 1595년   ③ 1592년   ④ 1598년

7 ㉠의 뜻으로 알맞은 것을 골라 보세요.   (   )

① 여러 가지 일도 많고 어려움도 많다.

② 이러지도 저러지도 못하는 어려운 처지.

③ 두 사물이 비슷해서 무엇이 더 낫다고 말할 수 없음.

④ 공격하기 어려워 쉽게 무너지거나 빼앗기지 않음.

8 임진왜란에 대한 설명 중 맞으면 ○, 틀리면 ✕ 하세요.

(1) 이순신 장군은 한산도 대첩에서 학익진 전술을 펼쳤다. ┈┈┈┈ (   )

(2) 이순신 장군은 노량 해전에서 133척의 배로 일본군을 상대했다. ┈┈ (   )

(3) 백성들은 전국 각지에서 의병을 만들어 활동했다. ┈┈┈┈┈┈ (   )

(4) 권율 장군과 관군, 의병, 승병이 행주산성을 지켜냈다. ┈┈┈┈┈ (   )

9 다음 문장을 읽고 빈칸에 들어갈 알맞은 말을 글에서 찾아 써 보세요.   (   )

임진왜란은 일본이 조선을 ☐ 한 전쟁입니다.

10 ㉡에 들어갈 알맞은 성어를 골라 보세요.   (   )

① 난공불락   ② 진퇴양난   ③ 다사다난   ④ 난형난제

1 **보기**의 성어에 들어가는 공통된 한자를 골라 보세요. ( )

| 보기 | 전무후무 | 속수무책 | 백해무익 | 유비무환 |

① 쓸 苦

② 없을 無

③ 아닐 不

④ 어려울 難

2 다음 그림에 어울리는 성어를 **보기**에서 골라 쓰세요.

| 보기 | 감탄고토 | 동고동락 | 불로불사 | 난형난제 |

(1)

(2)

3 다음 겉뜻에 알맞은 성어를 보기 에서 골라 쓰세요.

(1) 쓴 것이 다하면 단 것이 온다.

(2) 등잔 아래가 아니 밝다.

4 다음 성어의 속뜻으로 알맞은 말에 ○ 하세요.

(1) **진퇴양난**

: 이러지도 저러지도 못하는 (쉬운 / 어려운) 처지.

(2) **천신만고**

: 온갖 (어려운 / 쉬운) 고비를 다 겪으며 (심하게 고생함 / 쉽게 진행함).

(3) **두문불출**

: (집 안 / 집 밖)에만 있고 밖에 나가지 않는 것.

(4) **백해무익**

: (나쁘기만 하고 / 좋기만 하고) 도움되는 것이 (전혀 없음 / 아주 많음).

5 다음 성어에 알맞은 속뜻을 찾아 선으로 연결하세요.

(1) 감탄고토 ●   ● ㉠ 자신의 비위에 따라서 옳고 그름을
                                    판단함.

(2) 불로불사 ●   ● ㉡ 어찌할 방법이 없어 꼼짝 못 함.

(3) 유비무환 ●   ● ㉢ 두 사물이 비슷해서 무엇이 더 낫다
                                    고 할 수 없음.

(4) 난형난제 ●   ● ㉣ 미리 준비를 해 놓으면 걱정할 것이
                                    없음.

(5) 속수무책 ●   ● ㉤ 늙지도 않고 죽지도 않음.

6 괄호 안에 들어갈 알맞은 성어에 ○ 해 보세요.

(1) 축구 선수인 재영이는 (고진감래 / 등하불명)이라는 말을 되새기며 열심히 훈련했다.

(2) 불평과 불만은 친구 관계에 (불로불사 / 백해무익)이라고 생각한다.

(3) 그는 자신의 비위에 따라 판단하는 (감탄고토 / 전무후무)의 자세를 버려야 한다.

(4) 이 성은 험난한 산으로 둘러싸여 있어서 (난공불락 / 다사다난)의 성으로 불린다.

(5) 우리 부모님은 초등학교 시절부터 (동고동락 / 속수무책)한 사이다.

7 다음 문장에서 밑줄 친 부분을 바르게 고쳐 써 보세요.

(1) 성민이는 화가 나면 제 방에만 틀어박혀 며칠이고 **두문불입**을 하곤 했다.

→

(2) 그 연구팀은 수천 번의 시도 끝에 **천신만불**로 실험에 성공했다.

→

(3) 범인을 잡을 유일한 증거가 사라지자 경찰은 **진퇴소난**에 빠졌다.

→

(4) 체육 선생님께서는 **과유무급**이라는 말처럼 적당한 운동을 해야 다치지 않는다고 하셨다.

→

8 다음 글과 어울리는 성어가 무엇인지 골라 보세요. ( )

> 오늘, 가족과 함께 축구 경기를 보러 갔다. 경기 내내 양 팀은 우열을 가리기 힘들었다. 공격하는 팀이 골대로 골을 몰고 가면 수비하는 선수들이 몰려와 막아섰다. 게다가 골대로 멋진 슛을 날려도 골키퍼가 막아내어 좀처럼 점수가 나지 않았다. 아버지께서는 두 팀의 실력이 비슷해서 어느 팀이 더 낫다고 말할 수 없는 상황이라고 하셨다. 결국 경기는 무승부로 끝났다.

① 천신만고 ② 다사다난 ③ 난형난제 ④ 감탄고토

不

아닐 불

아닐 불(不)은 '아니다', '아니함'의 뜻을 가진 글자에요. 땅속으로 뿌리를 내린 씨앗이 아직 싹이 나오지 않았다는 의미에서 무엇인가 온전한 상태가 '아니다'라는 뜻으로 쓰여요. 不는 경우에 따라 '부'와 '불'이란 두 가지 발음이 쓰여요.

아닐	빌
不	족

*여기서는 '부'로 읽어요.

필요한 양이나 기준에 모자라거나 넉넉하지 않음.

예 용돈이 **부족**해서 아껴 써야 한다.

예 시간이 **부족**해서 숙제를 다 하지 못했다.

아닐	옳을
不	가

옳지 않음. 또는 가능하지 않음.

예 우리는 시합 전 '반칙 **불가**'라는 규칙을 세웠다.

예 나는 아직 어려서 어린이 탑승 **불가** 놀이기구는 탈 수 없다.

아닐	있을	가운데
不	재	중

*여기서는 '부'로 읽어요.

자기 집이나 직장 등의 일정한 장소에 있지 않는 동안.

예 집에 돌아와 휴대 전화를 확인해 보니 **부재중** 전화가 많이 와 있었다.

예 그가 **부재중**인 동안 회사는 더욱 활기가 넘쳤다.

바를 정正 대답할 답答   풀 해解   말씀 설說

정답과 해설

1단원

성어 학습

1. (1) 금상첨화
    좋은
   (2) 사상누각
    기초가 튼튼하지 못하여
   (3) 천상천하
    온
   (4) 설상가상
    불행한

성어 적용

2.
비단	윗	더할	꽃
금	상	첨	화

3. ③
4. ③
5. ④

성어 독해

6. ①, ③
7. ①
8. ①, ②
9. 단짝
10. ④

성어 학습

1. (1) 천고마비
    하늘, 높고, 가을
   (2) 고관대작
    높고
   (3) 안고수비
    높고, 실천
   (4) 산고수청
    좋음

성어 적용

2.
하늘	높을	말	살찔
천	고	마	비

3. ②
4. 눈, 손, 낮다, 높고
5. ①

성어 독해

6. ②
7. ③
8. (1) ○   (2) ✕   (3) ○   (4) ✕
9. 관광
10. ④

8. ③ 재윤이가 인성이를 떠올린 까닭은 도시락을 나눠 먹으며 놀던 때를 떠올렸기 때문입니다.
④ 재윤이가 외로운 까닭은 버스에 혼자 앉았기 때문입니다.

8. (2) 인근 식당에서 산나물과 버섯이 들어간 식사를 할 수 있습니다.
(4) 치유의 숲은 마을 주민들의 의견을 모아 만들어졌습니다.

성어 학습

1   (1) 삼일천하
      짧은

    (2) 안하무인
      잘난, 업신여김

    (3) 천하일품
      하나밖에 없거나

    (4) 상행하효
      윗, 아랫

성어 적용

2

석	날	하늘	아래
삼	일	천	하

3   ④

4   ③

5   ②

성어 독해

6   ④

7   ③

8   (1) ✕   (2) ○   (3) ✕   (4) ✕

9   예술

10   안하무인

성어 학습

1   (1) 십중팔구
      여덟, 아홉, 대부분

    (2) 백발백중
      잘 들어맞음

    (3) 오리무중
      찾을 수 없거나

    (4) 낭중지추
      뛰어난, 알려짐

성어 적용

2

주머니	가운데	갈	송곳
낭	중	지	추

3   ④

4   ②

5   ②

성어 독해

6   ③

7   ③

8   ②

9   과자

10   ②

---

8   (1) 1993년에 부여 능산리 절터에서 발견되었습니다.
     (3) 상상 속의 짐승도 조각되어 있습니다.
     (4) 74개의 산봉우리가 조각되어 있습니다.

4   ① 떠나고 남아있는 사람이 거의 없는 상황이므로 '십중팔구'를 사용해야 합니다.
    ③ 노래를 잘하는 짝꿍이 유명해질 것이라고 했으므로 '낭중지추'를 사용해야 합니다.
    ④ 엄마가 표정만 봐도 거짓말을 했는지 알아맞힌다고 했으므로 '백발백중'을 사용해야 합니다.

8   약도는 중요한 것만 간략하게 나타낸 지도이므로 옳지 않습니다.

| 05 | 확인 학습 | 36쪽 |

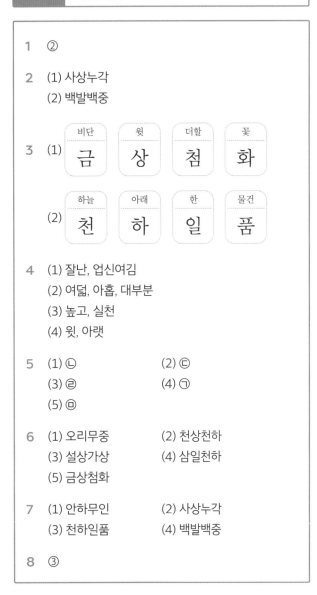

1 ②

2 (1) 사상누각
  (2) 백발백중

3 (1) 비단 금 / 윗 상 / 더할 첨 / 꽃 화
  (2) 하늘 천 / 아래 하 / 한 일 / 물건 품

4 (1) 잘난, 업신여김
  (2) 여덟, 아홉, 대부분
  (3) 높고, 실천
  (4) 윗, 아랫

5 (1) ㉡   (2) ㉢
  (3) ㉣   (4) ㉠
  (5) ㉤

6 (1) 오리무중   (2) 천상천하
  (3) 설상가상   (4) 삼일천하
  (5) 금상첨화

7 (1) 안하무인   (2) 사상누각
  (3) 천하일품   (4) 백발백중

8 ③

| 06 | 人이 들어가는 성어 | 42쪽 |

성어 학습

1 (1) 인산인해
    사람이
  (2) 팔방미인
    아주 뛰어난
  (3) 인류대사
    큰
  (4) 촌철살인
    찌를 수 있음

성어 적용

2 마디 촌 / 쇠 철 / 죽일 살 / 사람 인

3 ①

4 ③

5 ①

성어 독해

6 ④

7 ①

8 (1) 프랑스 (2) 베트남 (3) 독일 (4) 인도

9 공존

10 ③

8 윤지의 재능이 다른 사람들에게 쉽게 눈에 띈다는 내용이므로 '재능이 뛰어난 사람은 숨어 있어도 저절로 알려짐.'이라는 뜻의 고사성어 '낭중지추'와 어울립니다.

성어 학습

1   (1) 비몽사몽
      흐릿한 상태
   (2) 동상이몽
      다른
   (3) 호접지몽
      구별을 잊음
   (4) 일장춘몽
      사라짐

성어 적용

2

오랑캐	나비	갈	꿈
호	접	지	몽

3   ③
4   ①, ④
5   ④

성어 독해

6   ①
7   ①
8   ②, ④
9   처지
10 동상이몽

성어 학습

1   (1) 문일지십
      하나를 듣고
   (2) 금시초문
      바로 지금
   (3) 견문일치
      보고 들은
   (4) 전대미문
      들어 본 적 없는

성어 적용

2

들을	한	알	열
문	일	지	십

3   ④
4   ②
5   ①

성어 독해

6   ②
7   ①
8   (1) ✕   (2) ✕   (3) ✕   (4) ○
9   효모
10 ④

---

4   ② 선수들은 서로 자기가 국가 대표 선수가 될 거라고
   했으므로 '동상이몽'을 사용해야 합니다.
   ③ 할아버지께서 돈만 생각하는 삶은 허망한 거라고 하
   셨으므로 '일장춘몽'을 사용해야 합니다.

8   ② 윤진이는 방을 정리하고 놀러 가자고 했습니다.
   ④ 윤진이는 정리를 빨리 끝내고 누나와 놀고 싶었다는
   윤호의 마음을 이해하고 윤호의 처지를 이해했습니다.

8   (1), (2), (3)은 모두 식물에 대한 설명입니다.

성어 학습

1. (1) 감언이설
      속이기
   (2) 언행일치
      말, 행동, 실행함
   (3) 유구무언
      변명
   (4) 호언장담
      자신 있게

성어 적용

2.

달	말씀	이로울	말씀
감	언	이	설

3. ③
4. 말, 행동, 한, 하나로 들어맞을 때, 실행함
5. ①

성어 독해

6. ④
7. ④
8. ①, ③
9. 예의
10. ②

8. ① '초록별'이 쓴 글은 학교 누리집의 자유 게시판에서 볼 수 있습니다.
   ③ '넓은호수'는 소희가 인터넷 세상에서 쓰는 이름입니다.

1. ③
2. (1) 인류대사
   (2) 견문일치
3. (1)

사람	메	사람	바다
인	산	인	해

   (2)

달	말씀	이로울	말씀
감	언	이	설

4. (1) 아주 뛰어난
   (2) 흐릿한 상태
   (3) 말, 행동, 실행함
   (4) 자신 있게
5. (1) ㅁ (2) ㄴ
   (3) ㄷ (4) ㄹ
   (5) ㄱ
6. (1) 일장춘몽 (2) 촌철살인
   (3) 유구무언 (4) 인산인해
   (5) 동상이몽
7. (1) 비몽사몽 (2) 금시초문
   (3) 호언장담 (4) 감언이설
8. ③

8. 미영이는 자신이 말한 대로 반을 깨끗하게 만들겠다는 약속을 지키고 있기 때문에 '말과 행동이 하나로 들어맞음. 또는 말한 대로 실행함.'이라는 뜻의 고사성어 '언행일치'와 어울립니다.

3단원

| **11** 風이 들어가는 성어 | 72쪽 |

성어 학습

1 (1) 청풍명월
       바람, 달

   (2) 마이동풍
       제대로 듣지 않고

   (3) 풍전등화
       위태로운

   (4) 추풍낙엽
       가을, 약해짐

성어 적용

2

   (말) 마 (귀) 이 (동녘) 동 (바람) 풍

3 ②

4 ②, ③

5 ③

성어 독해

6 ③

7 ③

8 ④ → ② → ① → ③

9 500

10 ①

| **12** 山이 들어가는 성어 | 78쪽 |

성어 학습

1 (1) 산천초목
       자연

   (2) 산전수전
       고생과 어려움

   (3) 우공이산
       노력하면

   (4) 금수강산
       한국의 자연

성어 적용

2

   (어리석을) 우 (공변될) 공 (옮길) 이 (메) 산

3 ③

4 ①

5 ②

성어 독해

6 ③

7 ④

8 (1) ○   (2) ✕   (3) ○   (4) ✕

9 인내

10 우공이산

---

4 ① 동생이 방 청소를 하라는 말을 제대로 듣지 않았다는 의미이므로 '마이동풍'을 사용해야 합니다.
   ④ 지구의 운명이 매우 위태로운 처지에 놓여있다는 의미이므로 '풍전등화'를 사용해야 합니다.

8 (2) 재희네 할머니께서는 세 번의 도전 끝에 고등학교 검정고시에 합격했기 때문에 옳지 않습니다.
   (4) 재희네 할머니께서는 앞으로 노인 대학교 입학에 도전하겠다고 하셨으므로 옳지 않습니다.

성어 학습

1 (1) 초근목피
　　없는
(2) 결초보은
　　은혜를
(3) 초가삼간
　　세 칸, 작은
(4) 삼고초려
　　맞아들이기 위해

성어 적용

2

석	돌아볼	풀	농막
삼	고	초	려

3 ①
4 ①
5 ②

성어 독해

6 ②
7 ②
8 ③ → ① → ④ → ②
9 꾀
10 ①

성어 학습

1 (1) 행운유수
　　없이 늘 변함
(2) 아전인수
　　자기에만 이롭게 되도록
(3) 청산유수
　　말
(4) 명경지수
　　맑고 깨끗한

성어 적용

2

나	밭	끌	물
아	전	인	수

3 ②
4 구름, 물, 변함
5 ④

성어 독해

6 ②
7 ①
8 ②
9 독서 감상문
10 ④

15 확인 학습 96쪽

1 ②

2 (1) 마이동풍
   (2) 청산유수

3 (1)
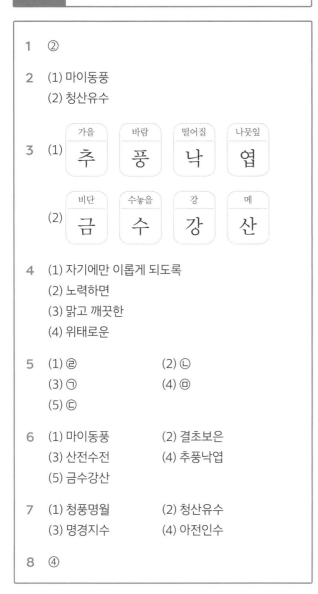

가을	바람	떨어질	나뭇잎
추	풍	낙	엽

   (2)

비단	수놓을	강	메
금	수	강	산

4 (1) 자기에만 이롭게 되도록
   (2) 노력하면
   (3) 맑고 깨끗한
   (4) 위태로운

5 (1) ㉣   (2) ㉡
   (3) ㉠   (4) ㉢
   (5) ㉢

6 (1) 마이동풍   (2) 결초보은
   (3) 산전수전   (4) 추풍낙엽
   (5) 금수강산

7 (1) 청풍명월   (2) 청산유수
   (3) 명경지수   (4) 아전인수

8 ④

8 팀 감독은 강○○ 선수처럼 뛰어난 인물을 맞아들이기
   위해 꾸준히 연락을 했다고 했으므로 '뛰어난 인물을
   맞아들이기 위해 참을성 있게 노력함.'이라는 뜻의 고
   사성어 '삼고초려'와 어울립니다.

16 꿈가 들어가는 성어 102쪽

성어 학습

1 (1) 고진감래
      힘든, 즐거운
   (2) 감탄고토
      자신의 비위
   (3) 동고동락
      함께함
   (4) 천신만고
      어려운, 심하게 고생함

성어 적용

2

쓸	다할	달	올
고	진	감	래

3 ④

4 삼키고, 토한다, 자신

5 ①

성어 독해

6 ②

7 ②

8 (1) ○   (2) ○   (3) ✕   (4) ○

9 날씨

10 동고동락

8 (3) 눈이 많이 내리는 날에는 도로가 막혀 사고 장소에
   빠르게 도착하기 어렵다고 했으므로 옳지 않습니다.

성어 학습

1 (1) 전무후무
　　　없었고

　(2) 속수무책
　　　없어서

　(3) 백해무익
　　　나쁘기만 하고, 전혀 없음

　(4) 유비무환
　　　미리 준비를 해 놓으면

성어 적용

2

3 ②

4 ①

5 ③

성어 독해

6 ③

7 ②

8 ②, ③

9 스티커

10 ④

성어 학습

1 (1) 불로불사
　　　늙지도

　(2) 두문불출
　　　집 안

　(3) 등하불명
　　　가까이 있는, 찾지 못함

　(4) 과유불급
　　　치우치지 않는

성어 적용

2

3 ③

4 아래, 가까이, 찾지 못함

5 ①

성어 독해

6 ④

7 ②

8 (1) ○　　(2) ○　　(3) ○　　(4) ✕

9 복지

10 ③

---

8 ② 투명방음벽은 겨울철에 도로가 얼어붙는 현상을 줄일 수 있고, 시야를 가리지 않아 안전 운전에 도움이 된다고 했으므로 옳지 않습니다.
③ 새들은 눈이 옆쪽을 바라보는 형태로 되어 있어, 날아다닐 때 앞에 있는 장애물과 자신의 거리를 파악하는 능력이 떨어진다고 했으므로 옳지 않습니다.

8 (4) 고령화 현상은 앞으로 더욱 심해질 것으로 예상된다고 했으므로 옳지 않습니다.

성어 학습

1　(1) 난형난제
　　　비슷해서

　　(2) 다사다난
　　　어려움도 많음

　　(3) 진퇴양난
　　　어려운

　　(4) 난공불락
　　　어려워

성어 적용

2　

어려울	형	어려울	아우
난	형	난	제

3　③

4　①

5　②

성어 독해

6　③

7　②

8　(1) ○　(2) ×　(3) ○　(4) ○

9　침입

10　①

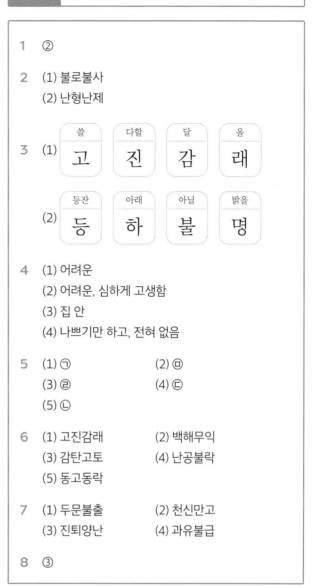

1　②

2　(1) 불로불사
　　(2) 난형난제

3　(1)

쓸	다할	달	올
고	진	감	래

　　(2)

등잔	아래	아닐	밝을
등	하	불	명

4　(1) 어려운
　　(2) 어려운, 심하게 고생함
　　(3) 집 안
　　(4) 나쁘기만 하고, 전혀 없음

5　(1) ㉠　　　　(2) ㉣
　　(3) ㉢　　　　(4) ㉤
　　(5) ㉡

6　(1) 고진감래　　(2) 백해무익
　　(3) 감탄고토　　(4) 난공불락
　　(5) 동고동락

7　(1) 두문불출　　(2) 천신만고
　　(3) 진퇴양난　　(4) 과유불급

8　③

4　② 누가 더 뛰어난 팀인지 가리기 힘들다고 했으므로 '난형난제'를 사용해야 합니다.
　③ 폭설 때문에 도로가 마비되어 운전자들이 곤란에 처한 상황이므로 '진퇴양난'을 사용해야 합니다.
　④ 어떤 적의 침입도 막아낸 성에 대한 설명이므로 '난공불락'을 사용해야 합니다.

8　(2) 이순신 장군은 노량 해전에서 13척의 배로 일본군의 배 133척을 상대했으므로 옳지 않습니다.

8　두 팀의 실력이 비슷해서 어느 팀이 더 낫다고 말할 수 없는 상황이므로 '두 사물이 비슷해서 무엇이 더 낫다고 말할 수 없음.'이라는 뜻의 고사성어 '난형난제'와 어울립니다.

성어 목록

붙을 부附 더할 가加 재물 자資 헤아릴 료料

부가자료 한자모양으로 알기

한글   고사성어

비단   윗   더할   꽃

금 상 첨 화

한자

비단   윗   더할   꽃

錦 上 添 花

좋은 일 위에 또 좋은 일이 더하여 짐.

한글   고사성어

모래   윗   다락   집

사 상 누 각

한자

모래   윗   다락   집

沙 上 樓 閣

기초가 튼튼하지 못하여 오래 견디지 못할 일이
나 물건.

한글   고사성어

하늘   윗   하늘   아래

천 상 천 하

한자

하늘   윗   하늘   아래

天 上 天 下

온 세상.

한글   고사성어

눈   윗   더할   서리

설 상 가 상

한자

눈   윗   더할   서리

雪 上 加 霜

곤란하거나 불행한 일이 잇따라 일어남.

한글 / 고사성어

하늘 높을 말 살찔

천 고 마 비

한자

하늘 높을 말 살찔

天 高 馬 肥

하늘이 높고 푸르며 온갖 곡식이 익어가는 가을.

한글 / 고사성어

높을 벼슬 클 벼슬

고 관 대 작

한자

높을 벼슬 클 벼슬

高 官 大 爵

지위가 높고 훌륭한 관직이나 관리.

한글 / 사자성어

눈 높을 손 낮을

안 고 수 비

한자

눈 높을 손 낮을

眼 高 手 卑

이상만 높고 실천이 따르지 못함.

한글 / 사자성어

메 높을 물 맑을

산 고 수 청

한자

메 높을 물 맑을

山 高 水 清

경치가 좋음.

한글 / 고사성어

석　날　하늘　아래

삼일천하

한자

석　날　하늘　아래

三日天下

정권을 잡았다가 짧은 기간 내에 밀려남.

한글 / 고사성어

눈　아래　없을　사람

안하무인

한자

눈　아래　없을　사람

眼下無人

세상에서 자기가 가장 잘난 듯이 남을 깔보고 업신여김.

한글 / 사자성어

하늘　아래　한　물건

천하일품

한자

하늘　아래　한　물건

天下一品

세상에 오직 하나밖에 없거나 매우 뛰어나서 세상에서 견줄 만한 것이 없음.

한글 / 사자성어

윗　행할　아래　본받을

상행하효

한자

윗　행할　아래　본받을

上行下效

윗사람이 하는 일을 아랫사람이 본받음.

열	가운데	여덟	아홉
십	중	팔	구

한자

열	가운데	여덟	아홉
十	中	八	九

열 가운데 여덟이나 아홉 정도로 거의 대부분.

일백	필	일백	가운데
백	발	백	중

한자

일백	필	일백	가운데
百	發	百	中

무슨 일이든지 틀림없이 잘 들어맞음.

다섯	마을	안개	가운데
오	리	무	중

한자

다섯	마을	안개	가운데
五	里	霧	中

일의 해결 방향을 찾을 수 없거나 사람이 어디에 있는지 알 수 없는 상태.

주머니	가운데	갈	송곳
낭	중	지	추

한자

주머니	가운데	갈	송곳
囊	中	之	錐

재능이 뛰어난 사람은 숨어 있어도 저절로 알려짐.

한글 · 고사성어

사람 메 사람 바다

인 산 인 해

한자

사람 메 하늘 아래

人 山 人 海

사람이 수없이 많이 모인 상태.

한글 · 사자성어

여덟 모 아름다울 사람

팔 방 미 인

한자

여덟 모 아름다울 사람

八 方 美 人

여러 방면에 아주 뛰어난 사람.

한글 · 사자성어

사람 인륜 클 일

인 륜 대 사

한자

사람 인륜 클 일

人 倫 大 事

결혼이나 장례 등과 같이 사람이 살면서 치르게 되는 큰 행사.

한글 · 고사성어

마디 쇠 죽일 사람

촌 철 살 인

한자

마디 쇠 죽일 사람

寸 鐵 殺 人

간단한 말로도 남을 감동하게 하거나 남의 약점을 찌를 수 있음.

한글

사자성어

| 아닐 | 꿈 | 닮을 | 꿈 |

비 몽 사 몽

한자

| 아닐 | 꿈 | 닮을 | 꿈 |

非 夢 似 夢

꿈인지 현실인지도 모를 만큼 정신이 흐릿한 상태.

한글

고사성어

| 한가지 | 평상 | 다를 | 꿈 |

동 상 이 몽

한자

| 한가지 | 평상 | 다를 | 꿈 |

同 牀 異 夢

겉으로는 같이 행동하더라도 속으로는 서로 다른 생각을 하고 있음.

한글

고사성어

| 오랑캐 | 나비 | 갈 | 꿈 |

호 접 지 몽

한자

| 오랑캐 | 나비 | 갈 | 꿈 |

胡 蝶 之 夢

자신과 사물의 구별을 잊음.

한글

고사성어

| 한 | 마당 | 봄 | 꿈 |

일 장 춘 몽

한자

| 한 | 마당 | 봄 | 꿈 |

一 場 春 夢

인생의 부귀영화가 덧없이 사라짐.

한글 　고사성어

들을　한　알　열

문 일 지 십

한자

들을　한　알　열

聞 一 知 十

하나를 듣고 열 가지를 미루어 안다는 뜻으로 지극히 총명함.

한글 　고사성어

이제　때　처음　들을

금 시 초 문

한자

이제　때　처음　들을

今 時 初 聞

바로 지금 처음으로 들음.

한글 　사자성어

볼　들을　한　이룰

견 문 일 치

한자

볼　들을　한　이룰

見 聞 一 致

보고 들은 바가 꼭 같음.

한글 　고사성어

앞　대신할　아닐　들을

전 대 미 문

한자

앞　대신할　아닐　들을

前 代 未 聞

이제까지 들어 본 적 없는 매우 놀랍거나 처음 있는 일.

한글 / 고사성어

달 말씀 이로울 말씀

감언이설

한자

달 말씀 이로울 말씀

甘言利說

남을 속이기 위하여, 남의 비위를 맞추거나 상황이 이로운 것처럼 꾸민 말.

한글 / 고사성어

말씀 행할 한 이룰

언행일치

한자

말씀 행할 한 이룰

言行一致

말과 행동이 하나로 들어맞음. 또는 말한 대로 실행함.

한글 / 고사성어

있을 입 없을 말씀

유구무언

한자

있을 입 없을 말씀

有口無言

변명할 말이 없음.

한글 / 고사성어

호걸 말씀 씩씩할 말씀

호언장담

한자

호걸 말씀 씩씩할 말씀

豪言壯談

어떤 목적을 이루겠다고 호기롭고 자신 있게 말함.

한글   사자성어

맑을   바람   밝을   달

청 풍 명 월

한자

맑을   바람   밝을   달

淸 風 明 月

맑은 바람과 밝은 달.

한글   고사성어

말   귀   동녘   바람

마 이 동 풍

한자

말   귀   동녘   바람

馬 耳 東 風

다른 사람의 의견이나 충고를 제대로 듣지 않고 넘겨 버리는 것.

한글   고사성어

바람   앞   등잔   불

풍 전 등 화

한자

바람   앞   등잔   불

風 前 燈 火

사물이 매우 위태로운 처지에 놓여 있음.

한글   고사성어

가을   바람   떨어질   나뭇잎

추 풍 낙 엽

한자

가을   바람   떨어질   나뭇잎

秋 風 落 葉

가을바람에 떨어지는 나뭇잎 또는 세력이나 형편이 갑자기 기울어지거나 약해짐.

한글 ··· 사자성어

메 내 풀 나무
산 천 초 목

한자

메 내 풀 나무
山 川 草 木

산과 시내, 풀과 나무 등의 모든 자연.

한글 ··· 고사성어

메 싸울 물 싸울
산 전 수 전

한자

메 싸울 물 싸울
山 戰 水 戰

세상의 온갖 고생과 어려움을 다 겪음.

한글 ··· 고사성어

어리석을 공변될 옮길 메
우 공 이 산

한자

어리석을 공변될 옮길 메
愚 公 移 山

어떤 일이든 끊임없이 노력하면 반드시 이루어
짐.

한글 ··· 사자성어

비단 수놓을 강 메
금 수 강 산

한자

비단 수놓을 강 메
錦 繡 江 山

아름다운 한국의 자연.

한글 | 사자성어

풀 뿌리 나무 가죽

초 근 목 피

한자

풀 뿌리 나무 가죽

草 根 木 皮

맛이나 영양 가치가 없는 거친 음식.

한글 | 고사성어

맺을 풀 갚을 은혜

결 초 보 은

한자

맺을 풀 갚을 은혜

結 草 報 恩

죽은 뒤에라도 은혜를 잊지 않고 갚음.

한글 | 고사성어

풀 집 석 사이

초 가 삼 간

한자

풀 집 석 사이

草 家 三 間

세 칸밖에 안 되는 초가집이란 뜻으로, 아주 작은 집.

한글 | 고사성어

석 돌아볼 풀 농막

삼 고 초 려

한자

석 돌아볼 풀 농막

三 顧 草 廬

뛰어난 인물을 맞아들이기 위해 참을성 있게 노력함.

한글 · 사자성어

다닐 구름 흐를 물
행운유수

한자

다닐 구름 흐를 물
行雲流水

일정한 형태가 없이 늘 변함.

한글 · 고사성어

나 밭 끌 물
아전인수

한자

나 밭 끌 물
我田引水

자기에만 이롭게 되도록 생각하거나 행동함.

한글 · 고사성어

푸를 메 흐를 물
청산유수

한자

푸를 메 흐를 물
青山流水

막힘없이 잘하는 말.

한글 · 고사성어

밝을 거울 그칠 물
명경지수

한자

밝은 거울 그칠 물
明鏡止水

거짓으로 꾸밈이 없고 욕심이 없는 맑고 깨끗한 마음.

한글 · 고사성어

쓸 다할 달 올
고 진 감 래

한자

쓸 다할 달 올
苦 盡 甘 來

힘든 일이 끝난 후에 즐거운 일이 생김.

한글 · 사자성어

달 삼킬 쓸 토할
감 탄 고 토

한자

달 삼킬 쓸 토할
甘 吞 苦 吐

자신의 비위에 따라서 옳고 그름을 판단함.

한글 · 고사성어

한가지 쓸 한가지 즐거울
동 고 동 락

한자

한가지 쓸 한가지 즐거울
同 苦 同 樂

괴로움도 즐거움도 함께함.

한글 · 고사성어

일천 매울 일만 쓸
천 신 만 고

한자

일천 매울 일만 쓸
千 辛 萬 苦

온갖 어려운 고비를 다 겪으며 심하게 고생함.

한글

앞	없을	뒤	없을

전 무 후 무

사자성어

한자

앞	없을	뒤	없을

前 無 後 無

전에도 없었고 앞으로도 없음.

한글

묶을	손	없을	꾀

속 수 무 책

고사성어

한자

묶을	손	없을	꾀

束 手 無 策

어찌할 방법이 없어 꼼짝 못 함.

한글

일백	해로울	없을	더할

백 해 무 익

고사성어

한자

일백	해로울	없을	더할

百 害 無 益

나쁘기만 하고 도움되는 것이 전혀 없음.

한글

있을	갖출	없을	근심

유 비 무 환

고사성어

한자

있을	갖출	없을	근심

有 備 無 患

미리 준비를 해 놓으면 걱정할 것이 없음.

한글 고사성어

아닐 늙을 아닐 죽을

불로불사

한자

아닐 늙을 아닐 죽을

不老不死

늙지도 않고 죽지도 않음.

한글 고사성어

막을 문 아닐 날

두문불출

한자

막을 문 아닐 날

杜門不出

집 안에만 있고 밖에 나가지 않는 것.

한글 사자성어

등잔 아래 아닐 밝을

등하불명

한자

등잔 아래 아닐 밝을

燈下不明

가까이 있는 물건이나 사람을 잘 찾지 못함.

한글 고사성어

지날 오히려 아닐 미칠

과유불급

한자

지날 오히려 아닐 미칠

過猶不及

무엇이든 지나친 것은 좋지 않다는 뜻으로 어느 쪽으로도 치우치지 않는 상태나 정도.

한글 | 고사성어

어려울 형 어려울 아우

난 형 난 제

한자

어려울 형 어려울 아우

難 兄 難 弟

두 사물이 비슷해서 무엇이 더 낫다고 말할 수 없음.

한글 | 고사성어

많을 일 많을 어려울

다 사 다 난

한자

많을 일 많을 어려울

多 事 多 難

여러 가지 일도 많고 어려움도 많음.

한글 | 고사성어

나아갈 물러날 두 어려울

진 퇴 양 난

한자

나아갈 물러날 두 어려울

進 退 兩 難

이러지도 저러지도 못하는 어려운 처지.

한글 | 고사성어

어려울 칠 아닐 떨어질

난 공 불 락

한자

어려울 칠 아닐 떨어질

難 攻 不 落

공격하기 어려워 쉽게 무너지거나 빼앗기지 않음.